Libro de Oración Común

Administración de las Ordenanzas y otros Ritos y Ceremonias de
la Iglesia
Junto con el Salterio o Salmos de David

Conforme al uso de la Iglesia Anglicana Episcopal Ortodoxa

Presentación

El Libro de Oración Común (LOC) es el libro fundacional de oración de la Iglesia de Inglaterra (y de la Comunión Anglicana). Fue uno de los instrumentos fundamentales de la Reforma en Inglaterra, que luego sería revisado, adaptado y adoptado por los demás países en que se estableciera el Anglicanismo.

Debido a cambios doctrinales y litúrgicos que se han ido introduciendo con las sucesivas revisiones, cada vez más cercanas al romanismo, varias de las iglesias anglicanas y episcopales, como también algunas de las iglesias metodistas, han redactado y publicado sus propias versiones del Libro de Oración Común.

El Libro de Oración Común conforme al uso de la Iglesia Anglicana Episcopal Ortodoxa es fiel a los principios doctrinales y litúrgicos de la Reforma protestante, y provee a la vez un estándar de adoración y enseñanza, y un vínculo de unidad.

Soli Deo Gloria!

El Comité Editor

Rvmo. + Eric Escala
Rvmo. + Enrique Ramos
Rvmo. + Andrés Omar Ayala

Lo concerniente al Culto de la Iglesia

La liturgia Eucarística, el acto principal de adoración cristiana en el Día del Señor y otras Fiestas Mayores, los Oficios Diarios de Oración Matutina y Vespertina, tal como se establecen en este Libro, son los ritos regulares designados para el culto público en esta Iglesia.

Además de éstos y los otros ritos contenidos en este Libro, otras fórmulas establecidas por la autoridad de esta Iglesia pueden ser usadas. Es posible también, bajo la dirección del Obispo, hacer uso de devociones especiales tomadas de este Libro o de las Sagradas Escrituras, cuando las necesidades de la congregación así lo requieran.

En todos los ritos, la asamblea cristiana en su totalidad participa en forma tal que los miembros de cada orden dentro de la Iglesia: laicos, obispos, presbíteros y diáconos, cumplen las funciones propias de sus respectivas órdenes tal y como se indica en las rúbricas de cada rito.

Quien preside el culto en una asamblea cristiana es, normalmente, un obispo o un presbítero. Los diáconos en virtud de su orden, no ejercen función presidencial, pero, como los laicos, puede oficiar en la Liturgia de la Palabra, bien en la forma establecida en los Oficios Diarios, o (cuando no esté presente un obispo o un presbítero) en la forma establecida en la Eucaristía. En circunstancias excepcionales, cuando no esté disponible un presbítero, el Obispo puede, a su discreción, autorizar a un diácono o a un ministro laico a que también presida en otros ritos, sujeto a las limitaciones descritas en las rúbricas de cada rito.

Debe entenderse que los himnos a los que se refieran las rúbricas de este Libro son aquéllos autorizados por esta Iglesia. Las palabras de las antífonas procederán de las Sagradas Escrituras, o de este Libro, o de textos congruentes. En ciertas ocasiones, y cuando sea apropiado, un himno o una antífona puede ser sustituido por música instrumental.

Cuando las rúbricas indiquen que una parte del rito sea "dicha", debe entenderse que también puede ser "cantada", y viceversa.

Cuando se desee usar música compuesta para ellos, pueden usarse textos litúrgicos previamente autorizados en lugar de los textos que aparecen en este Libro.

Los Salmos en este Libro, siguen la numeración y el texto de la Santa Biblia, Reina – Valera 1909.

El contenido del Libro:

1. OFICIO MATUTINO
2. OFICIO VESPERTINO
3. INTROITOS y LECTURAS
4. ORDEN DE ADORACIÓN GENERAL
5. ORDEN DE ADORACIÓN CON COMUNIÓN
6. SALTERIO o SALMOS DE DAVID
7. LOS 39 ARTÍCULOS DE RELIGIÓN

Certificado

Certifico que esta edición del Libro de Oración Común, conforme al uso de la Iglesia Anglicana Episcopal Ortodoxa, está de acuerdo con los originales presentados por los Custodios y aprobados por el Comité Editor.

Queda autorizada su publicación.

+ Andrés Omar Ayala
Obispo
Trinidad/2017

OFICIO MATUTINO

INVOCACIÓN

Ministro: Señor, abre nuestros labios.

Congregación: Y nuestra boca proclamará tu alabanza.

Ministro: Bendito sea Dios: + Padre, Hijo y Espíritu Santo.

CONFESIÓN DE PECADOS

Ministro: Confesemos nuestros pecados contra Dios y el prójimo.

Todos: Dios de misericordia, confesamos que hemos pecado contra ti de pensamiento, palabra, obra y omisión. No te hemos amado de todo corazón ni hemos amado a nuestro prójimo como a nosotros mismos. Sincera y humildemente nos arrepentimos. Por amor a tu Hijo Jesucristo, ten piedad de nosotros y perdónanos; así tu voluntad será nuestra alegría y andaremos por tus caminos, para gloria de tu Nombre. Amén.

Ministro: Que el Padre Santo tenga piedad de nosotros, perdone todos nuestros pecados por + Jesucristo nuestro Señor, y nos cure y conserve por su Espíritu vivificante para la vida eterna. Amén.

LETANIA DE LA PAZ

Ministro: En paz roguemos al Señor: "Señor, ten piedad". Por la Iglesia, para que unida y llena de verdad y amor anuncie el Evangelio, y se halle sin mancha el día de tu venida.

Todos: Al Señor roguemos

Ministro: Por nuestros ministros ordenados, y todo el pueblo santo y fiel.

Todos: Al Señor roguemos.

Ministro: Por la paz del mundo, para que sus líderes hagan que entre todos crezca el respeto y la comprensión.

Todos: Al Señor roguemos.

Ministro: Por tu bendición sobre todo trabajo humano y el buen uso de las riquezas de la creación, para que el mundo sea librado de pobreza, hambre y desastres.

Todos: Al Señor roguemos.

Ministro: Por los pobres, perseguidos, enfermos, oprimidos y todos cuantos sufren, para que hallen alivio.

Todos: Al Señor roguemos.

Ministro: Por los que se han encomendado a nuestras oraciones y con quienes estamos unidos; por nuestras familias, amigos y vecinos, para que vivan en paz.

Todos: Al Señor roguemos.

Ministro: Dios todopoderoso, que nos diste la gracia para unirnos en este momento a fin de ofrecerte nuestras súplicas en común; y que, por tu muy amado Hijo, nos prometiste que, cuando dos o tres se reúnen en su Nombre, tú estarás en medio de ellos: Realiza ahora, Señor, nuestros deseos y peticiones como mejor nos convenga; y concédenos en este mundo el conocimiento de tu verdad, y en el venidero la vida eterna. Amén.

SALTERIO (*Salmos del día*).
Todos: Gloria al Padre y al Hijo y al Espíritu Santo. Como era en el principio, ahora y siempre, por los siglos de los siglos. Amén.

LECTURAS BÍBLICAS DEL AÑO LITÚRGICO

CÁNTICO DE ZACARÍAS (*Benedictus*)

Bendito el Señor Dios de Israel, Que ha visitado y hecho redención á su pueblo,
Y nos alzó un cuerno de salvación En la casa de David su siervo,
Como habló por boca de sus santos profetas que fueron desde el principio:
Salvación de nuestros enemigos, y de mano de todos los que nos aborrecieron;
Para hacer misericordia con nuestros padres, Y acordándose de su santo pacto;
Del juramento que juró á Abraham nuestro padre, Que nos había de dar,
Que sin temor librados de nuestros enemigos, Le serviríamos
En santidad y en justicia delante de él, todos los días nuestros.
Y tú, niño, profeta del Altísimo serás llamado; Porque irás ante la faz del Señor, para aparejar sus caminos;
Dando conocimiento de salud á su pueblo, Para remisión de sus pecados,
Por las entrañas de misericordia de nuestro Dios, Con que nos visitó de lo alto el Oriente,
Para dar luz á los que habitan en tinieblas y en sombra de muerte; Para encaminar nuestros pies por camino de paz.
Todos: Gloria al Padre y al Hijo y al Espíritu Santo. Como era en el principio, ahora y siempre, por los siglos de los siglos. Amén.

CREDO APOSTÓLICO (*los domingos*)
Todos: Creo en Dios, Padre todopoderoso, Creador de los cielos y

de la tierra.

Creo en Jesucristo, su único Hijo, nuestro Señor, que fue concebido por obra del Espíritu Santo, nació de la virgen María. Padeció bajo el poder de Poncio Pilato, fue crucificado, muerto y sepultado, descendió a los infiernos, y al tercer día resucitó de los muertos. Subió a los cielos y está sentado a la diestra de Dios Padre, de donde vendrá a juzgar a vivos y muertos.

Creo en el Espíritu Santo, la santa Iglesia católica, la comunión de los santos, el perdón de los pecados, la resurrección de los muertos y la vida eterna. Amén.

PADRE NUESTRO

Todos: Padre nuestro que estás en los cielos; santificado sea tu Nombre. Venga tu Reino. Hágase tu voluntad como en los cielos, así también en la tierra. Danos hoy nuestro pan de cada día. Perdónanos nuestras deudas, como también nosotros perdonamos a nuestros deudores. Y no nos dejes caer en la tentación, mas líbranos del Mal. Porque tuyo es el Reino y el poder y la gloria, por todos los siglos. Amén.

BENDICIÓN

Ministro: *"La gracia del Señor Jesucristo, el amor de Dios y la comunión del Espíritu Santo sean con todos nosotros"* (2 Corintios 13.13).

Todos: Amén. Demos gracias a Dios.

OFICIO VESPERTINO

INVOCACIÓN
Ministro: Señor, abre nuestros labios.
Todos: Y nuestra boca proclamará tu alabanza.
Ministro: Bendito sea Dios: + Padre, Hijo y Espíritu Santo.

INVITATORIO (*El Ministro oficiante comienza el Oficio con uno o más de los siguientes versículos de las Escrituras*):

Sea enderezada mi oración delante de ti como un perfume, El don de mis manos como la ofrenda de la tarde. Salmos 141.2

Gracia sea á vosotros, y paz de Dios nuestro Padre y del Señor Jesucristo. Filipenses 1.2

Encorvaos á Jehová en la hermosura de su santuario: Temed delante de él, toda la tierra. Salmos 96.9

Tú abriste fuente y río; Tú secaste ríos impetuosos. Tuyo es el día, tuya también es la noche: Tú aparejaste la luna y el sol. Salmos 74.15-16

Bendeciré á Jehová que me aconseja: Aun en las noches me enseñan mis riñones. A Jehová he puesto siempre delante de mí: Porque está á mi diestra no seré conmovido. Salmos 16.7-8

ORACIÓN VESPERTINA
Ministro: Luz alegrante, claridad pura del sempiterno Padre celestial: Jesucristo, santo y bendito. Ahora que hemos llegado al ocaso del sol y nuestros ojos miran la luz vespertina, te alabamos con himnos, oh Dios; + Padre, Hijo y Espíritu Santo.
Todos: Digno eres de ser alabado en todos los tiempos con voces alegres, oh Hijo de Dios, dador de la vida; por tanto te glorifica todo el universo.

CONFESIÓN DE PECADOS
Ministro: Confesemos nuestros pecados contra Dios y el prójimo.
Todos: Dios de misericordia, confesamos que hemos pecado contra ti de pensamiento, palabra, obra y omisión. No te hemos amado de todo corazón ni hemos amado a nuestro prójimo como a nosotros mismos. Sincera y humildemente nos arrepentimos. Por amor a tu

Hijo Jesucristo, ten piedad de nosotros y perdónanos; así tu voluntad será nuestra alegría y andaremos por tus caminos, para gloria de tu Nombre. Amén.

Ministro: Que el Padre Santo tenga piedad de nosotros, perdone todos nuestros pecados por + Jesucristo nuestro Señor, y nos cure y conserve por su Espíritu vivificante para la vida eterna. Amén.

KYRIE
Ministro: Señor, ten piedad de nosotros.
Todos: Señor, ten piedad de nosotros.
Ministro: Señor, ten piedad de nosotros.
Todos: Señor, ten piedad de nosotros.
Ministro: Señor, ten piedad de nosotros.
Todos: Señor, ten piedad de nosotros.

Todos: ¡Santo Dios, Santo Fuerte, Santo Inmortal: Ten piedad de nosotros!

SALTERIO (*Salmos del día*).

Todos: Gloria al Padre y al Hijo y al Espíritu Santo. Como era en el principio, ahora y siempre, por los siglos de los siglos. Amén.

LECTURAS BÍBLICAS DEL AÑO LITÚRGICO

CÁNTICO DE MARÍA (*Magnificat*)

Engrandece mi alma al Señor;
Y mi espíritu se alegró en Dios mi Salvador,
Porque ha mirado á la bajeza de su criada; Porque he aquí, desde ahora me dirán bienaventurada todas las generaciones.
Porque me ha hecho grandes cosas el Poderoso; Y santo es su nombre.
Y su misericordia de generación á generación A los que le temen.
Hizo valentía con su brazo: Esparció los soberbios del pensamiento de su corazón.
Quitó los poderosos de los tronos, Y levantó á los humildes.
A los hambrientos hinchió de bienes; Y á los ricos envió vacíos.
Recibió á Israel su siervo, Acordandose de la misericordia.
Como habló á nuestros padres A Abraham y á su simiente para siempre.
Todos: Gloria al Padre y al Hijo y al Espíritu Santo. Como era en el principio, ahora y siempre, por los siglos de los siglos. Amén.

CREDO APOSTÓLICO (*los domingos*)

Todos: Creo en Dios, Padre todopoderoso, Creador de los cielos y de la tierra.

Creo en Jesucristo, su único Hijo, nuestro Señor, que fue concebido por obra del Espíritu Santo, nació de la virgen María. Padeció bajo el poder de Poncio Pilato, fue crucificado, muerto y sepultado, descendió a los infiernos, y al tercer día resucitó de los muertos. Subió a los cielos y está sentado a la diestra de Dios Padre, de donde vendrá a juzgar a vivos y muertos.

Creo en el Espíritu Santo, la santa Iglesia católica, la comunión de los santos, el perdón de los pecados, la resurrección de los muertos y la vida eterna. Amén.

PADRE NUESTRO

Todos: Padre nuestro que estás en los cielos; santificado sea tu Nombre. Venga tu Reino. Hágase tu voluntad como en los cielos, así también en la tierra. Danos hoy nuestro pan de cada día. Perdónanos nuestras deudas, como también nosotros perdonamos a nuestros deudores. Y no nos dejes caer en la tentación, mas líbranos del Mal. Porque tuyo es el Reino y el poder y la gloria, por todos los siglos. Amén.

BENDICIÓN

Ministro: El Señor sea con vosotros.

Congregación: Y con tu espíritu.

Ministro: Bendigamos al Señor.

Congregación: Demos gracias a Dios.

Ministro: *"La gracia del Señor Jesucristo, el amor de Dios y la comunión del Espíritu Santo sean con todos nosotros"* (2 Corintios 13.13).

Todos: Amén. Demos gracias a Dios.

INTROITOS y LECTURAS

1. 1° Domingo de Adviento
Ministro: ¡A ti, Jehová, levanto mi alma!
Congregación: ¡Dios mío, en ti he confiado!
Ministro: No sea yo avergonzado;
Congregación: no se regocijen mis enemigos sobre mí.
Ministro: Asimismo ninguno de los que te esperan
Congregación: será jamás avergonzado.

Salmo: ¡Házme conocer tus caminos, oh Jehová – enséñame tus sendas!

> EPÍSTOLA: Romanos 13.11-14
> EVANGELIO: Mateo 21.1-9

2. 2° Domingo de Adviento
Ministro: ¡Hija de Sión
Congregación: he aquí viene tu Salvador!

Salmo: ¡Escucha, oh Pastor de Israel – **tú que conduces, como rebaño, a José!**

> EPÍSTOLA: Romanos 15.4-13
> EVANGELIO: Lucas 21.25-36

3. 3° Domingo de Adviento
Ministro: ¡Regocijáos en el Señor siempre!
Congregación: Y otra vez lo diré: ¡Regocijáos!
Ministro: Sea conocida vuestra mansedumbre de todos los hombres;
Congregación: ¡El Señor está cerca!
Ministro: No os afanéis por cosa alguna,
Congregación: sino que, en todas las circunstancias por medio de la oración y la plegaria, con acciones de gracias, dense a conocer vuestras peticiones a Dios.

Salmo: Te complaciste en tu tierra, oh Jehová – **hiciste tornar el cautiverio de Jacob.**

> EPÍSTOLA: 1 Corintios 4. 1-5
> EVANGELIO: Mateo 11.2-10

4. 4° Domingo de Adviento
Ministro: ¡Lloved, oh cielos, desde arriba
Congregación: y derramen las nubes justicia!
Ministro: ¡Ábrase la tierra;
Congregación: y produzcan ambos dos salvación!

Salmo: Los cielos cuentan la gloria de Dios – **y el firmamento manifiesta la obra de sus manos.**

> EPÍSTOLA: Filipenses 4.4-7
> EVANGELIO: Juan 1.10-28

5. La Navidad o el Nacimiento de Nuestro Señor
Ministro: Un niño nos ha nacido, un Hijo nos es dado,
Congregación: y el dominio estará sobre su hombro.
Ministro: Y se le darán por nombres suyos: Maravilloso Consejero; Poderoso Dios;
Congregación: Padre del siglo eterno; Príncipe de la Paz.

Salmo: ¡Cantad a Jehová un cántico nuevo, – **porque Él ha hecho maravillas!**

> EPÍSTOLA: Tito 2.11-14 o [*Isaías 9.2-7*]
> EVANGELIO: Lucas 2.1-14

El 2° día de Navidad

> EPÍSTOLA: Tito 3.4-7
> EVANGELIO: Lucas 2.15-20

6. El Domingo despúes de Navidad
Ministro: Tus testimonios son firmes, muy firmes:
Congregación: ¡a tu casa, oh Jehová, conviene la santidad para siempre!
Ministro: ¡Firme es tu trono desde la antigüedad!
Congregación: ¡Tú eres desde la eternidad!

Salmo: Jehová reina, se viste de majestad; – **se viste y se ciñe Jehová de fortaleza.**

> EPÍSTOLA: Gálatas 4.1-7

EVANGELIO: Lucas 2.38-40

7. La circuncisión de Jesús, Año Nuevo
Ministro: ¡ Jehová, Señor nuestro, cuán admirable es tu nombre en toda la tierra,
Congregación: que has puesto tu gloria sobre las nubes!
Ministro: ¿Qué viene a ser el mísero hombre, para que tengas de él memoria,
Congregación: y el hijo del hombre, para que lo visites?

Salmo: Tú ¡oh Jehová!, eres nuestro Padre; – **¡Redentor nuestro, desde la eternidad es tu nombre!**

OTRO INTROITO
Ministro: En el nombre de Jesús, toda rodilla se doble, tanto de lo celestial, como de lo terrenal y de lo infernal;
Congregación: y toda lengua confiese que Jesucristo es Señor para gloria de Dios Padre.

Salmo: ¡Jehová Señor nuestro, – **cuán admirable es tu nombre en toda la tierra!**

EPÍSTOLA: Gálatas 3.23-29
EVANGELIO: Lucas 2.21

El Domingo después de Año Nuevo

EPÍSTOLA: 1 Pedro 4.12-19
EVANGELIO: Mateo 2.13-23

8. La Epifanía
Ministro: He aquí el Señor, el Soberano, ha venido;
Congregación: y el reino, y el poder, y la gloria están en su mano.
Ministro: De Jehová es el reino,
Congregación: y él es gobernador entre las naciones.

Salmo: ¡Oh Dios, encomienda tus juicios al Rey, – **y tu justicia al Hijo del Rey!**

EPÍSTOLA: Isaías 60.1-6
EVANGELIO: Mateo 2.1-12

9. El 1° Domingo después de Epifanía

Ministro: Vi al Señor sentado
Congregación: sobre un trono alto y excelso.
Ministro: Y oí una gran multitud, que decía:
Congregación: ¡Aleluya; porque reina el Señor Dios todopoderoso!

Salmo: ¡Cantad con júbilo a Jehová, moradores de toda la tierra; – **servid a Jehová con alegría!**

EPÍSTOLA: Romanos 12.1-5
EVANGELIO: Lucas 2.41-52

10. El 2° Domingo después de Epifanía

Ministro: ¡Toda la tierra te adorará,
Congregación: y cantará a ti!
Ministro: ¡Cantará alabanzas
Congregación: a tu nombre, oh Altísimo!

Salmo: ¡Aclamad a Dios, moradores de toda la tierra! – ¡**Cantad la gloria de su nombre!**

EPÍSTOLA: Romanos 12.6-16
EVANGELIO: Juan 2.1-11

11. El 3° Domingo después de Epifanía

Ministro: ¡Todos los dioses encórvense a Él!
Congregación: ¡Sión oye, y se alegra!
Ministro: Las hijas de Judá se regocijan
Congregación: a causa de tus juicios, oh Jehová.

Salmo: ¡Jehová reina! ¡Regocíjese la tierra! – ¡**Alégrese la muchedumbre de las islas!**

EPÍSTOLA: Romanos 12.16-21
EVANGELIO: Mateo 8.1-13

El 4° Domingo después de Epifanía

EPÍSTOLA: Romanos 13.8-10
EVANGELIO: Mateo 8.23-27

El 5° Domingo después de Epifanía

EPÍSTOLA: Colosenses 3.12-17
EVANGELIO: Mateo 13.24-30

12. El último Domingo después de Epifanía – Transfiguración
Ministro: Los relámpagos alumbraron el mundo;
Congregación: la tierra se estremeció y tembló.

Salmo: ¡Aclamad a Dios, moradores de toda la tierra! – **¡Cantad la gloria de su nombre!**

EPÍSTOLA: 2 Pedro 1.16-21
EVANGELIO: Mateo 17.1-9

13. El Domingo de Septuagésima
Ministro: Rodeáronme ligaduras de muerte,
Congregación: angustias del sepulcro me sorprendieron.
Ministro: En mi angustia seguí clamando a Jehová,
Congregación: y él oía desde su templo mi voz.

Salmo: ¡Cantad a Jehová un cántico nuevo, – **porque Él ha hecho maravillas!**

EPÍSTOLA: 1 Corintios 9.24 – 10.5
EVANGELIO: Mteo 20.1-16

14. El Domingo de Sexagésima
Ministro: ¡Despierta! ¿Por qué duermes, Señor?
Congregación: ¡Despierta! ¡No nos deseches para siempre!
Ministro: ¿Por qué escondes tu rostro,
Congregación: y te olvidas de nuestra miseria?
Ministro: Nuestra alma se ha agobiado hasta el polvo:
Congregación: ¡Levántate para ayudarnos, y redímenos por causa de tu misericordia!

Salmo: Con nuestros oídos, oh Dios, hemos oído; – **nuestros padres nos lo han contado, la obra que hiciste en sus días.**

EPÍSTOLA: 2 Corintios 11.19 – 12.9
EVANGELIO: Lucas 8.4-15

15. El Domingo de Quincuagésima

Ministro: ¡Séme por roca de fortaleza,
Congregación: alcázar fuerte para salvarme!
Ministro: Tú eres mi roca y mi fortaleza;
Congregación: y por causa de tu nombre me guiarás y me encaminarás.

Salmo: ¡En ti, oh Jehová, he esperado; – **¡líbrame por tu justicia!**

EPÍSTOLA: 1 Corintios 13.1-13
EVANGELIO: Lucas 18.31-43

16. Miércoles de Ceniza
Ministro: Clamaré a Dios, el Altísimo,
Congregación: al poderoso Dios que lo cumple todo por mí.
Ministro: ¡Bajo la sombra de tus alas me ampararé,
Congregación: hasta que pasen estas calamidades!

Salmo: ¡Apiádate de mí, oh Dios, apiádate de mí, – **porque en ti se ha refugiado mi alma!**

EPÍSTOLA: Joel 2.12-19
EVANGELIO: Mateo 6.16-21

17. Invocavit, el 1° Domingo de Cuaresma
Ministro: Él clamará a mí, y yo le responderé,
Congregación: le libraré y le glorificaré.
Ministro: De larga vida le hartaré,
Congregación: y le mostraré mi salvación.

Salmo: El que habita en el retiro del Altísimo, – **morará seguro bajo la sombra del Omnipotente.**

EPÍSTOLA: 2 Corintios 6.1-10
EVANGELIO: Mateo 4.1-11

18. Reminiscere, el 2° Domingo de Cuaresma
Ministro: ¡Acuérdate de tus piedades, oh Jehová, y de tus misericordias;
Congregación: porque ellas son eternas!
Ministro: ¡No se regocijen mis enemigos sobre mí;
Congregación: redime, oh Dios, a Israel de todas sus angustias!

Salmo: ¡A ti, Jehová, levanto mi alma! – **¡Dios mío, en ti he confiado!**

¡No sea yo avergonzado!

>EPÍSTOLA: 1 Tesalonicenses 4.1-7
>EVANGELIO: Mateo 15.21-28

19. Oculi, el 3° Domingo de Cuaresma

Ministro: Mi ojos está siempre hacia Jehová,
Congregación: porque él sacará mis pies de la red.
Ministro: ¡Vuelve tu rostro hacia mí, y ten misericordia de mí!
Congregación: Porque estoy solitario y afligido.

Salmo: ¡A ti, Jehová, levanto mi alma! – **¡Dios mío, en ti he confiado! ¡No sea yo avergonzado!**

>EPÍSTOLA: Efesios 5.1-9
>EVANGELIO: Lucas 11.14-28

20. Laetare, el 4° Domingo de Cuaresma

Ministro: ¡Regocijáos con Jerusalem y gloriaos en ella,
Congregación: todos los que la amáis!
Ministro: ¡Alegráos con ella hasta con alborozo,
Congregación: todos los que os lamentáis con ella!

Salmo: Yo me alegré cuando me decían: – **¡Vamos a la casa de Jehová!**

>EPÍSTOLA: Gálatas 4.21-31
>EVANGELIO: Juan 6.1-15

21. Judica, el 5° Domingo de Cuaresma

Ministro: ¡Júzgame, o Dios,
Congregación: y defiende mi causa contra la nación impía!
Ministro: ¡Líbrame de un hombre engañoso e inicuo!
Congregación: Porque tú eres el Dios de mi fortaleza.

Salmo: Envía tu luz y tu verdad, – **éstas me guiarán; me traerán a tu santo monte.**

>EPÍSTOLA: Hebreos 9.11-15
>EVANGELIO: Juan 8.46-59

22. Palmarum, el 6° Domingo de Cuaresma

Ministro: ¡Tú, oh Jehová, no te alejes;
Congregación: fortaleza mía, apresúrate a socorrerme!
Ministro: ¡Sálvame de la boca del león!
Congregación: Ya que has oído mi clamor.

Salmo: ¡Dios mío, Dios mío! ¿Por qué me has desamparado? – **¿Por qué estás tan lejos de ayudarme?**

EPÍSTOLA: Filipenses 2.5-11
EVANGELIO: Mateo 21.1-9

23. El Jueves Santo

Ministro: Nunca permita Dios que yo me gloríe
Congregación: sino en la cruz de nuestro Señor Jesucristo.
Ministro: En él está la salvación, y la vida, y la resurrección de los muertos;
Congregación: por él hemos sido redimidos y librados.

Salmo: ¡Cantad a Jehová un cántico nuevo, – **porque Él ha hecho maravillas!**

EPÍSTOLA: 1 Corintios 11.23-32
EVANGELIO: Juan 13.1-15

24. El Viernes Santo

Ministro: Ciertamente él ha llevado nuestros padecimientos, y con nuestros dolores él cargó.
Congregación: Fue traspasado por nuestras transgresiones, quebrantado fue por nuestras iniquidades.
Ministro: Nosotros todos, como ovejas, nos hemos extraviado;
Congregación: y Jehová cargó sobre él la iniquidad de todos nosotros.

Salmo: ¡Oye, oh Jehová, mi oración; – **y llegue mi clamor a ti!**

EPÍSTOLA: Isaías 52.13 – 53.12
EVANGELIO: Juan 18.1-19

25. El Domingo de Pascua, la Resurrección de Jesucristo

Ministro: Despierto y aún estoy contigo. Aleluya.
Congregación: tú has puesto sobre mí tu mano. Aleluya.
Ministro: Tal conocimiento es demasiado maravilloso para mí;

Congregación: alto es, no lo puedo comprender. Aleluya.

Salmo: Oh Jehová, me has escudriñado y me has conocido; – **tú conoces mi sentarme y mi levantarme.**

      EPÍSTOLA: 1 Corintios 5.6-8
      EVANGELIO: Marcos 16.1-8

26. El Lunes de Pascua

Ministro: El Señor os ha conducido a una tierra que mana leche y miel; Aleluya;
Congregación: para que su Ley estuviese de continuo en vuestra boca. ¡Aleluya! ¡Aleluya!

Salmo: ¡Confesad a Jehová, invocad su nombre; – **haced conocer entre los pueblos sus hazañas!**

      EPÍSTOLA: Hechos 10.34-41
      EVANGELIO: Lucas 24.13-35

27. Quasimodo, el 1° Domingo después de Pascua

Ministro: Como niños recién nacidos,
Congregación: apeteced la leche espiritual pura.
Ministro: ¡Oye, pueblo mío, y te amonestaré!
Congregación: ¡oh Israel, si me oyeres!

Salmo: ¡Cantad a Dios, fortaleza nuestra! – **¡Cantad con júbilo al Dios de Jacob!**

      EPÍSTOLA: 1 Juan 5.4-12
      EVANGELIO: Juan 20.19-31

28. Misericordias Domini, el 2° Domingo después de Pascua

Ministro: La tierra está llena de la misericordia de Jehová.
Congregación: Por la palabra de Jehová fueron hechos los cielos.

Salmo: ¡Alegraos, oh justos, en Jehová! – **En los rectos es hermosa la alabanza.**

      EPÍSTOLA: 1 Pedro 2.21-25
      EVANGELIO: Juan 10.11-16

29. Jubilate, el 3° Domingo después de Pascua

Ministro: ¡Aclamad a Dios, moradores de toda la tierra!
Congregación: ¡Cantad la gloria de su nombre! ¡Haced gloriosa su alabanza!

Salmo: Decid a Dios: ¡Cuán temibles son tus hechos! – **Por la grandeza de tu poder, se te humillarán fingidamente tus enemigos.**

EPÍSTOLA: 1 Pedro 2.11-20
EVANGELIO: Juan 16.16-23

30. Cantate, el 4° Domingo después de la Pascua

Ministro: ¡Cantad a Jehová un cántico nuevo,
Congregación: porque Él ha hecho maravillas!
Ministro: Jehová ha dado a conocer su salvación;
Congregación: a vista de las naciones ha manifestado su justicia.

Salmo: ¡Su misma diestra le ha ganado la victoria, – **y su santo brazo!**

EPÍSTOLA: Santiago 1.16-21
EVANGELIO: Juan 16.5-15

31. Rogate, el 5° Domingo después de la Pascua

Ministro: Con voz de cántico anunciad; sí, haced saber ésto:
Congregación: haced salir las nuevas hasta los fines de la tierra. Aleluya.
Ministro: Decid: ¡Jehová ha redimido a su siervo Jacob!
Congregación: ¡Aleluya, Aleluya!

Salmo: ¡Aclamad a Dios, moradores de toda la tierra! – **¡Cantad la gloria de su nombre! ¡Haced gloriosa su alabanza!**

EPÍSTOLA: Santiago 1.22-27
EVANGELIO: Juan 16. 23-30

32. Ascención del Señor

Ministro: Varones galileos, ¿por qué os quedáis mirando así al cielo?
Congregación: Aleluya.
Ministro: Este mismo Jesús, que ha sido tomado de vosotros al cielo,
Congregación: así vendrá, del mismo modo que le habéis visto ir al cielo. ¡Aleluya!

Salmo: ¡Todas las naciones, batid las manos! – **¡Aclamad a Dios con voz de triunfo!**

> EPÍSTOLA: Hechos de los Apóstoles 1.1-11
> EVANGELIO: Marcos 16.14-20

33. Exaudi, el Domingo después de la Ascención

Ministro: ¡Oye Jehová! Con mi voz sigo clamando.
Congregación: ¡Aleluya!
Ministro: Cuando dijiste: Buscad mi rostro; mi corazón te dijo: ¡Tu rostro, oh Jehová, buscaré!
Congregación: ¡No escondas tu rostro de mí! ¡Aleluya! ¡Aleluya!

Salmo: ¡Jehová es mi luz y mi salvación! – **¿De quién temeré?**

> EPÍSTOLA: 1 Pedro 4.7-11
> EVANGELIO: Juan 15.26 – 16.4

34. Pentecostés

Ministro: Preparad el camino para aquél que marcha triunfante por los desiertos.
Congregación: Aleluya.
Ministro: Los justos se alegrarán, se gloriarán delante de Dios,
Congregación: y se regocijarán con alegría. Aleluya. Aleluya.

Salmo: ¡Jehová se levantará, serán esparcidos sus enemigos, – **y los que le aborrecen huirán delante de Él!**

> EPÍSTOLA: Hechos de los Apóstoles 2.1-13
> EVANGELIO: Juan 14.23-31

35. Fiesta de la Santísima Trinidad

Ministro: Bendita sea la santa Trinidad y la Unidad indivisa;
Congregación: démosle gloria, porque ha usado de misericordia para con nosotros.

Salmo: ¡Jehová, Señor nuestro, – **cuán admirable es tu nombre en toda la tierra!**

> EPÍSTOLA: Romanos 11.33-36
> EVANGELIO: Juan 3.1-15

OTRO INTROITO

Ministro: ¡Santo, santo, santo es Jehová de los ejércitos!
Congregación: De él, y por medio de él, y para él son todas las cosas. A él sea la gloria para siempre.

Salmo: ¡Jehová, Señor nuestro, – **cuán admirable es tu nombre en toda la tierra!**

36. El 1° Domingo después de Trinidad

Ministro: ¡Oh Señor, en tu misericordia he confiado;
Congregación: mi corazón se alegrará en tu salvación!
Ministro: Cantaré a Jehová,
Congregación: porque se ha portado bondadosamente para conmigo.

Salmo: ¿Hasta cuando, oh Jehová, me olvidarás? – **¿Hasta cuando esconderás tu rostro de mí?**

> EPÍSTOLA: 1 Juan 4.16-21
> EVANGELIO: Lucas 16.19-31

37. El 2° Domingo después de Trinidad

Ministro: Jehová es mi sostén;
Congregación: me sacó a campo ancho.
Ministro: Me sigue librando,
Congregación: por cuanto se complace en mí.

Salmo: ¡Entrañablemente te amo, oh Jehová,fortaleza mía! – **Jehová es mi roca, y mi fortaleza, y mi libertador.**

> EPÍSTOLA: 1 Juan 3.13-18
> EVANGELIO: Lucas 14.16-24

38. El 3° Domingo después de Trinidad

Ministro: ¡Vuelve tu rostro hacia mí,
Congregación: y ten misericordia de mí!
Ministro: ¡Mira mi aflicción y mis trabajos,
Congregación: y perdona todos mis pecados!

Salmo: ¡A ti, Jehová, levanto mi alma! – **¡Dios mío, en ti he confiado; no sea yo avergonzado!**

EPÍSTOLA: 1 Pedro 5.6-11
EVANGELIO: Lucas 15.1-10

39. El 4° Domingo después de Trinidad

Ministro: ¡Jehová es mi luz y mi salvación! ¿De quién temeré?
Congregación: ¡Jehová es la fortaleza de mi vida! ¿De quién me espantaré?
Ministro: Cuando se acercaron contra mí los malhechores, mis adversarios y mis enemigos,
Congregación: ellos mismos tropezaron y cayeron.

Salmo: ¡Cantad a Jehová un cántico nuevo, – **porque Él ha hecho maravillas!**

EPÍSTOLA: Romanos 8.18-23
EVANGELIO: Lucas 6.36-42

40. El 5° Domingo después de Trinidad

Ministro: ¡Oye Jehová!, con mi voz sigo clamando.
Congregación: Tú has sido mi ayuda.
Ministro: No me deseheches ni me desampares,
Congregación: oh Dios de mi salvación.

Salmo: ¡Jehová es mi luz y mi salvación! – **¿De quién temeré?**

EPÍSTOLA: 1 Pedro 3.8-15
EVANGELIO: Lucas 5.1-11

41. El 6° Domingo después de Trinidad

Ministro: Jehová es la fuerza de los que esperan;
Congregación: y la fortaleza de salvación para su ungido es él.
Ministro: ¡Salva a tu pueblo y bendice a tu herencia!
Congregación: Pastoréalos también, y ensálzalos para siempre.

Salmo: ¡A ti, Jehová, clamaré! ¡Roca mía, no guardes silencio conmigo; – **no sea que estando tú callado conmigo, yo venga a ser como los que bajan al hoyo!**

EPÍSTOLA: Romanos 6.3-11
EVANGELIO: Mateo 5.20-26

42. El 7° Domingo después de Trinidad

Ministro: ¡Todas las naciones batid las manos!
Congregación: ¡Aclamad a Dios con voz de triunfo!

Salmo: Él someterá pueblos debajo de nosotros, - **y naciones debajo de nuestros pies.**

EPÍSTOLA: Romanos 6.19.23
EVANGELIO: Marcos 8.1-9

43. El 8° Domingo después de Trinidad
Ministro: ¡Nos acordamos de tu misericordia, oh Dios,
Congregación: en medio de tu Templo!
Ministro: Conforme a tu nombre, oh Dios, así es tu loor hasta los fines de la tierra;
Congregación: de justicia está llena tu diestra.

Salmo: Grande es Jehová, y digno de ser en gran manera alabado, – **en la ciudad de nuestro Dios, en su santo monte.**

EPÍSTOLA: Romanos 8.12-17
EVANGELIO: Mateo 7.15-23

44. El 9° Domingo después de Trinidad
Ministro: ¡He aquí, Dios es el que me ayuda;
Congregación: Jehová es con los que sustentan mi alma!
Ministro: Él hará tornar el mar sobre mis enemigos;
Congregación: ¡córtalos en tu veracidad!

Salmo: ¡Oh Dios, sálvame por tu nombre, – **y házme justicia con tu poder!**

EPÍSTOLA: 1 Corintios 10.6-13
EVANGELIO: Lucas 16.1-9

45. El 10° Domingo después de Trinidad
Ministro: En cuanto a mí, a Dios clamaré, y él oirá mi voz.
Congregación: Él redime mi alma en paz de la guerra que se me hace.
Ministro: Oirá Dios, y los humillará; él, que desde la antigüedad se sienta entronizado:
Congregación: ¡echa sobre Jehová tu carga, y él te sustentará!

Salmo: ¡Escucha, oh Dios, mi oración, – y **no te escondas de mi súplica!**

EPÍSTOLA: 1 Corintios 12.1-11
EVANGELIO: Lucas 19.41-48

46. El 11° Domingo después de Trinidad
Ministro: ¡Dios es en su santa morada!
Congregación: Dios hace habitar a los solitarios en casa.
Ministro: El Dios de Israel es el que da fortaleza
Congregación: y fuerzas a su pueblo.

Salmo: ¡Dios se levantará, serán esparcidos sus enemigos – **y los que le aborrecen huirán delante de él!**

EPÍSTOLA: 1 Corintios 15.1-10
EVANGELIO: Lucas 18.9-14

47. El 12° Domingo después de Trinidad
Ministro: ¡Oh Dios, acude para librarme!
Congregación: ¡Apresúrate, oh Dios, para ayudarme!
Ministro: ¡Sean avergonzados y abochornados
Congregación: los que buscan mi vida!

Salmo: ¡Sean vueltos atrás y queden llenos de confusión – **los que mi mal desean !**

EPÍSTOLA: 2 Corintios 3.4-11
EVANGELIO: Marcos 7.31-37

48. El 13° Domingo después de Trinidad
Ministro: ¡Mira al pacto, oh Señor;
Congregación: no vuelva avergonzado el oprimido!
Ministro: Levántate, oh Dios, defiende tu propia causa;
Congregación: ¡no te olvides de la vocería de tus adversarios!

Salmo: ¿Por qué, oh Dios, nos has desechado para siempre? – **¿Por qué humea tu ira contra las ovejas de tu dehesa?**

EPÍSTOLA: Gálatas 3.15-22
EVANGELIO: Lucas 10.23-37

49. El 14° Domingo después de Trinidad

Ministro: ¡Ve, oh Dios, escudo nuestro, y mira el rostro de tu Ungido!
Congregación: Porque mejor es un día en tus atrios que mil fuera de ellos.

Salmo: ¡Cuán amables son tus moradas, oh Jehová de los Ejércitos! – **¡Mi alma suspira, y aun desfallece, por los atrios de Jehová!**

EPÍSTOLA: Gálatas 5.16-24
EVANGELIO: Lucas 17.11-19

50. El 15° Domingo después de Trinidad

Ministro: ¡Inclina tu oído, oh Jehová, respóndeme!
Congregación: ¡Tú, oh Dios mío, salva a tu siervo que confía en ti!
Ministro: ¡Ten misericordia de mí, oh Señor;
Congregación: porque a ti clamo todo el día!

Salmo: ¡Alegra el alma de tu siervo, – **porque a ti, Señor, levanto mi alma.**

EPÍSTOLA: Gálatas 5.25 – 6.10
EVANGELIO: Mateo 6.24-34

51. El 16° Domingo después de Trinidad

Ministro: ¡Ten misericordia de mí, oh Señor;
Congregación: porque a ti clamo todo el día!
Ministro: Porque tú, oh Señor, eres bueno y perdonador,
Congregación: y grande en misericordia a todos los que te invocan.

Salmo: ¡Inclina tu oído, oh Jehová, respóndeme! – **porque estoy afligido y menesteroso.**

EPÍSTOLA: Efesios 3.13-21
EVANGELIO: Lucas 7.11-17

52. El 17° Domingo después de Trinidad

Ministro: ¡Tú eres justo, oh Jehová,
Congregación: y recto en tus juicios!
Ministro: ¡Obra con tu siervo
Congregación: conforme a tu misericordia!

Salmo: ¡Bienaventurados los perfectos en el camino, – **los que andan**

en la ley de Jehová!

EPÍSTOLA: Efesios 4.1-6
EVANGELIO: Lucas 14.1-11

53. El 18° Domingo después de Trinidad

Ministro: Los que esperan en Jehová adquirirán nuevas fuerzas;
Congregación: se remontarán con alas, como águilas.
Ministro: Correrén, y no se cansarán.
Congregación: Caminarán, y no desfallecerán.

Salmo: Yo me alegré cuando me decían: – **¡Vamos a la casa de Jehová!**

EPÍSTOLA: 1 Corintios 1.4-9
EVANGELIO: Mateo 22.34-46

54. El 19° Domingo después de Trinidad

Ministro: Di a mi alma: ¡Yo soy tu salvación!
Congregación: Clamaron los justos, y oyólos Jehová.
Ministro: De todas las angustias los sacó;
Congregación: él es su Dios desde la eternidad y hasta la eternidad.

Salmo: ¡Escucha, peblo mío, mi ley, – **inclinad vuestro oído a las palabras de mi boca!**

EPÍSTOLA: Efesios 4.22-28
EVANGELIO: Mateo 9.1-8

55. El 20° Domingo después de Trinidad

Ministro: Justo es Jehová nuestro Dios en todas sus obras que ha hecho.
Congregación: Y nosotros no hemos obedecido su voz.

Salmo: Grande es Jehová y digno en gran manera de ser alabado, – **en la ciudad de nuestro Dios, en su santo monte.**

EPÍSTOLA: Efesios 5.15-21
EVANGELIO: Mateo 22.1-14

56. El 21° Domingo después de Trinidad

Ministro: Jehová, el Altísimo, es terrible;
Congregación: Rey grande sobre la tierra.

Ministro: Rey de toda la tierra es Dios;
Congregación: ¡cantad con entendimiento!

Salmo: ¡Bienaventurados los perfectos en el camino, – **los que andan en la ley de Jehová!**

EPÍSTOLA: Efesios 6.10-17
EVANGELIO: Juan 4.46-54

57. El 22° Domingo después de Trinidad

Ministro: Jehová, si tú mirases las iniquidades,
Congregación: ¡oh, Señor! ¿quién podría estar de pie?
Ministro: empero, contigo está el perdón,
Congregación: para que puedas ser temido.

Salmo: ¡Desde profundos abismos clamo a ti, oh Jehová! – **¡Señor, oye mi voz!**

EPÍSTOLA: Filipenses 1.3-11
EVANGELIO: Mateo 18.23-35

58. El 23° Domingo después de Trinidad

Ministro: Yo conozco los pensamientos que pienso respecto de vosotros, dice Jehová;
Congregación: pensamientos de paz, y no de mal.
Ministro: Entonces me invocaréis, oraréis también a mí, y yo os escucharé;
Congregación: y haré tornar vuestro cautiverio, y os congregaré de todas las naciones.

Salmo: Te complaciste en tu tierra, oh Jehová; – **hiciste tornar el cautiverio de Jacob.**

EPÍSTOLA: Filipenses 3.17-21
EVANGELIO: Mateo 22.15-22

59. El 24° Domingo después de Trinidad

Ministro: ¡Venid, postrémonos, y encorvémonos;
Congregación: arrodillémonos ante Jehová nuestro hacedor!
Ministro: Porque él es nuestro Dios,
Congregación: y nosotros el pueblo de su dehesa, y las ovejas de su mano.

Salmo: ¡Venid, alegrémonos en Jehová – **cantemos con júbilo a la Roca de nuestra salvación!**

EPÍSTOLA: Colosenses 1.9-14
EVANGELIO: Mateo 9.18-26

60. El 25° Domingo después de Trinidad

Ministro: ¡Ten misericordia de mí, oh Jehová, porque estoy en angustia!
Congregación: ¡Líbrame de la mano de mis enemigos y perseguidores!
Ministro: ¡Jehová, no sea yo avergonzado,
Congregación: porque a ti he invocado!

Salmo: ¡En ti, oh Jehová, he esperado; – **no sea yo jamás confundido!**

EPÍSTOLA: 1 Tesalonicenses 4.13-18
EVANGELIO: Mateo 24.15-28

61. El 26° Domingo después de Trinidad

Ministro: ¡Oh Dios, sálvame por tu nombre,
Congregación: y házme justicia con tu poder!
Ministro: ¡Escucha, oh Dios, mi oración;
Congregación:presta oído a las razones de mi boca!

Salmo: Él hará tornar el mal sobre mis enemigos; – **córtalos en tu veracidad.**

EPÍSTOLA: 2 Pedro 3.3-14 (*o 2 Tesalonicenses 1.3-10*)
EVANGELIO: Mateo 25.31-46

El 27° Domingo después de Trinidad
(Los introitos del Domingo anterior)

EPÍSTOLA: 1 Tesalonicenses 5.1-11
EVANGELIO: Mateo 25.1-13

62. El Día de Acción de Gracias

Ministro: ¡Todo lo que tiene aliento alabe a Jehová!
Congregación: ¡Aleluya!
Ministro: ¡Alabadle por sus poderosos hechos!

Congregación: ¡Alabadle conforme a la muchedumbre de sus grandezas! ¡Aleluya!

Salmo: ¡Aleluya! ¡Alabad a Dios en el Santuario!, – ¡**Alabadle en el firmamento de su poder!**

EPÍSTOLA: 1 Timoteo 2.1-8 (*o 1 Tesalonicenses 5.18-22*)
EVANGELIO: Lucas 17.11-19

ORDEN DE ADORACIÓN GENERAL

PRELUDIO

LLAMADO A LA ADORACIÓN
Ministro: Cantad alegres a Dios, habitantes de toda la tierra.
Congregación: Servid a Jehová con alegría; venid ante su presencia con regocijo.
Ministro: Reconoced que Jehová es Dios; El nos hizo y no nosotros a nosotros mismos; Pueblo suyo somos y ovejas de su prado.
Congregación: Entrad por sus puertas con acción de gracias, por sus atrios con alabanza; Alabadle, bendecid su nombre.
Todos: Porque Jehová es bueno, para siempre es su misericordia, y su verdad por todas las generaciones.

HIMNO DE ADORACIÓN
(Se sugieren himnos en la clasificación de adoración, alabanza, apertura , etc.)

INTROITO

LLAMAMIENTO A LA CONFESIÓN
Ministro: Acerquémonos con corazones contritos y humillados delante de la presencia de nuestro Dios para confesar nuestras rebeliones y desobediencias, esperando en la gracia y el perdón de Dios.

LETANÍA DE CONFESIÓN
(En lugar de la letanía se puede utilizar una oración de confesión)
Ministro: Ten piedad de mí, oh Dios, conforme a tu misericordia; conforme a la multitud de tus piedades borra mis rebeliones.
Congregación: En tu inmenso amor y misericordia, perdónanos, Oh Dios.
Ministro: Porque yo reconozco mis rebeliones, y mi pecado está siempre delante de mí.
Congregación: En tu inmenso amor y misericordia, perdónanos, Oh Dios.
Ministro: Contra tí, contra tí solo he pecado, y he hecho lo malo delante de tus ojos.
Congregación: En tu inmenso amor y misericordia, perdónanos, Oh Dios.
Todos: Crea en mí, oh Dios, un corazón limpio, y renueva un

espíritu recto dentro de mí.

HIMNO DE CONFESIÓN
(Se puede utilizar un himno en la clasificación de confesión y arrepentimiento)

PALABRAS DE PERDÓN Y SEGURIDAD
Ministro: Cuando buscamos a Dios en fe, su amor llega hasta nuestras vidas. Cuando nos esforzamos por servir a Cristo, Dios consagra nuestros esfuerzos con su perdón y misericordia. Cuando confiamos en el Espíritu del Señor, Dios nos restaura a su plenitud.

CÁNTICOS DE LA COMUNIDAD
(Se recomienda u tilizar algun os estrib illos y cá nticos que reflejen nu estra cu ltura religiosa.)

SALMO

LECTURAS BÍBLICAS
(Según las rúbricas del Leccionario)

SERMÓN

CREDO APOSTÓLICO
(Si el Oficio es en día domingo)

LLAMAMIENTO AL OFERTORIO
Ministro: Traemos ante tu presencia parte de las bendiciones que nos has dado, traemos a tí nuestros dones, nuestro tiempo y nuestra vida en santa ofrenda de amor y gratitud.

OFERTORIO
(Seguido de la acción de gracias.)

HIMNO DE CLAUSURA
(Se puede utilizar un himno que nos llame a seguir el compromiso al que hemos sido retados a través del sermón)

ORACIÓN FINAL

BENDICIÓN PASTORAL

POSTLUDIO

ORDEN DE ADORACIÓN CON COMUNIÓN

PRELUDIO

LLAMADO A LA ADORACIÓN

Ministro : Venid, adoremos y postrémonos; arrodillémonos delante de Jehová nuestro Hacedor.
Congregación: Porque El es nuestro Dios; nosotros el pueblo de su prado y ovejas de su mano.
Todos: Venid, aclamemos alegremente a Jehová; cantemos con júbilo a la roca de nuestra salvación.

INTROITO
(Según las rúbricas del tiempo litúrgico)

HIMNO DE ADORACIÓN

EXHORTACIÓN A LA CONFESIÓN
Ministro: Si confesamos nuestros pecados, el es fiel y justo para perdonar nuestros pecados y limpiarnos de toda maldad.

ORACIÓN CONFESIONAL
Todos: Eterno Dios, confesamos que con frecuencia no hemos sido una iglesia obediente: no hemos hecho tu voluntad, hemos quebrantado tu ley, nos hemos revelado contra tu amor, no hemos amado a nuestro prójimo y hemos sido indiferentes ante los necesitados. Te rogamos nos perdones. Libranos para obedecerte con gozo y con sencillez de corazón. Por Jesucristo, nuestro Señor. Amén

PALABRAS DE ABSOLUCIÓN Y SEGURIDAD
Pastor: Si se humillare mi pueblo, sobre el cual mi nombre es invocado, y oraren, y buscaren mi rostro, y se convirtieren de su malos caminos; entonces yo oiré desde los cielos, y perdonaré sus pecados.

CÁNTICOS DE LA COMUNIDAD

SALUDO DE LA PAZ

SALMO
(Según las rúbricas del tiempo litúrgico)

LECTURAS BÍBLICAS
(Según las rúbricas del Leccionario)

CONFESIÓN DE FE
(Credo de los Apóstoles en los domingos Ordinarios; Credo Niceno en las Solemnidades; Credo Atanasiano en la Conmemoración de la Santísima Trinidad)

SERMÓN

HIMNO DE COMUNIÓN

INVITACIÓN A LA MESA
Ministro: Acerquémonos a la mesa sagrada del Señor a testificar no que somos justos o perfectos sino que amamos al Señor Jesús sinceramente, y deseamos ser su verdaderos discípulos.
Acerquémonos no porque somos fuertes, sino porque somos débiles; porque en nuestra fragilidad y pecado tenemos necesidad de la misericordia y protección divina.
Acerquémonos a buscar la presencia de Cristo en nuestras vidas y a celebrar nuestra redención.
Congregación: Esta es la jubilosa fiesta del pueblo de Dios. Mujeres, hombres, jóvenes, niños y niñas llegamos del oriente y del occidente, del norte y del sur para celebrar en unión en este banquete pascual.
Todos: Santo, Santo, Santo Dios de amor y majestad, toda la tierra habla de tu gloria.
Bendito el que viene en el nombre del Señor.

PALABRAS DE INSTITUCIÓN
Ministro: Cuando llegó la hora, Jesús y los apóstoles se sentaron a la mesa. Jesús les dijo: —¡Cuánto he querido celebrar con ustedes esta cena de Pascua antes de mi muerte! Porque les digo que no volveré a celebrarla hasta que se cumpla en el reino de Dios. Entonces tomó en sus manos una copa y, habiendo dado gracias a Dios, dijo: — Tomen esto y repártanlo entre ustedes; porque les digo que no volveré a beber del producto de la vid, hasta que venga el reino de Dios.
Después tomó el pan en sus manos y habiendo dado gracias a Dios, lo partió y se lo dio a ellos diciendo: — *"Esto es mi cuerpo, entregado a*

muerte en favor de ustedes. Hagan esto en memoria de mí."
Lo mismo hizo con la copa después de la cena, diciendo: — *"Esta copa es el nuevo pacto confirmado con mi sangre, la cual es derramada en favor de ustedes."*

BENDICIÓN DE LOS ELEMENTOS
Ministro: Señor, la mesa sagrada nos recuerda tu cuerpo sacrificado en la cruz y tu sangre derramada en propiciación por nuestros pecados. Bendice estos elementos que vamos a utilizar.
Permite que a través de ellos podamos experimentar la presencia de Cristo en nuestras vidas. Señor, que al tomar estos elementos tu pueblo reciba alimento espiritual para el alma que provoque paz y gozo. Que sean ellos un recordatorio de nuestro compromiso y signo de reconciliación contigo y con nuestros hermanos y hermanas.
Bendícelos en nombre de nuestro Señor Jesucristo. Amén

DISTRIBUCIÓN DE LOS ELEMENTOS

ORACIÓN DE GRATITUD
Ministro: Misericordioso y eterno Dios, te damos gracias por habernos invitado a esta mesa a participar de estos elementos que nos recuerdan el cuerpo y la sangre de nuestro Señor Jesucristo. Te damos gracias por ser miembros del cuerpo místico de Cristo y porque al participar de estos elementos tú nos ratificas como comunidad de fe para ser discípulos y para llevar tus buenas nuevas a toda criatura a través de la capacitación del Espíritu Santo. Por Jesús, el Cristo, lo pedimos. Amén

HIMNO
(Se recomienda u tilizar algún himno, estribillo o cántico q ue refleje nuestra cultura religiosa.)

LLAMAMIENTO AL OFERTORIO
Ministro: Traemos ante tu presencia parte de las bendiciones que nos has dado, traemos a tí nuestros dones, nuestro tiempo y nuestra vida en santa ofrenda de amor y gratitud.

OFERTORIO
(Seguido de Acción de gracias.)

HIMNO DE CLAUSURA

BENDICIÓN PASTORAL

SALTERIO o SALMOS DE DAVID

1

BIENAVENTURADO el varón que no anduvo en consejo de malos, Ni estuvo en camino de pecadores, Ni en silla de escarnecedores se ha sentado; Antes en la ley de Jehová está su delicia, Y en su ley medita de día y de noche.
Y será como el árbol plantado junto á arroyos de aguas, Que da su fruto en su tiempo, Y su hoja no cae; Y todo lo que hace, prosperará.
No así los malos: Sino como el tamo que arrebata el viento. Por tanto no se levantarán los malos en, el juicio, Ni los pecadores en la congregación de los justos. Porque Jehová conoce el camino de los justos; Mas la senda de los malos perecerá.

2

¿POR qué se amotinan las gentes, Y los pueblos piensan vanidad?
Estarán los reyes de la tierra, Y príncipes consultarán unidos Contra Jehová, y contra su ungido, diciendo: Rompamos sus coyundas, Y echemos de nosotros sus cuerdas. El que mora en los cielos se reirá; El Señor se burlará de ellos.
Entonces hablará á ellos en su furor, Y turbarálos con su ira.
Yo empero he puesto mi rey Sobre Sión, monte de mi santidad. Yo publicaré el decreto: Jehová me ha dicho: Mi hijo eres tú; Yo te engendré hoy. Pídeme, y te daré por heredad las gentes, Y por posesión tuya los términos de la tierra. Quebrantarlos has con vara de hierro: Como vaso de alfarero los desmenuzarás. Y ahora, reyes, entended: Admitid corrección, jueces de la tierra. Servid á Jehová con temor, Y alegraos con temblor. Besad al Hijo, porque no se enoje, y perezcáis en el camino, Cuando se encendiere un poco su furor.
Bienaventurados todos los que en él confían.

3

¡OH Jehová, cuánto se han multiplicado mis enemigos! Muchos se levantan contra mí. Muchos dicen de mi vida: No hay para él salud en Dios. (Selah.)
Mas tú, Jehová, eres escudo alrededor de mí: Mi gloria, y el que ensalza mi cabeza.
Con mi voz clamé á Jehová, Y él me respondió desde el monte de su santidad. (Selah.) Yo me acosté, y dormí, Y desperté; porque Jehová me sostuvo.
No temeré de diez millares de pueblos, Que pusieren cerco contra mí.

Levántate, Jehová; sálvame, Dios mío:
Porque tú heriste á todos mis enemigos en la quijada; Los dientes de los malos quebrantaste.
De Jehová es la salud: Sobre tu pueblo será tu bendición. (Selah.)

4

RESPÓNDEME cuando clamo, oh Dios de mi justicia: Estando en angustia, tú me hiciste ensanchar:
Ten misericordia de mí, y oye mi oración. Hijos de los hombres, ¿hasta cuándo volveréis mi honra en infamia, Amaréis la vanidad, y buscaréis la mentira? (Selah.)
Sabed pues, que Jehová hizo apartar al pío para sí: Jehová oirá cuando yo á él clamare. Temblad, y no pequéis: Conversad en vuestro corazón sobre vuestra cama, y desistid. (Selah.)
Ofreced sacrificios de justicia, Y confiad en Jehová.
Muchos dicen: ¿Quién nos mostrará el bien? Alza sobre nosotros, oh Jehová, la luz de tu rostro. Tú diste alegría en mi corazón, Más que tienen ellos en el tiempo que se multiplicó su grano y su mosto.
En paz me acostaré, y asimismo dormiré; Porque solo tú, Jehová, me harás estar confiado.

5

ESCUCHA, oh Jehová, mis palabras; Considera la meditación mía. Está atento á la voz de mi clamor, Rey mío y Dios mío, Porque á ti oraré.
Oh Jehová, de mañana oirás mi voz; De mañana me presentaré á ti, y esperaré. Porque tú no eres un Dios que ame la maldad: El malo no habitará junto á ti. No estarán los insensatos delante de tus ojos: Aborreces á todos los que obran iniquidad. Destruirás á los que hablan mentira: Al hombre de sangres y de engaño abominará Jehová. Y yo en la multitud de tu misericordia entraré en tu casa: Adoraré hacia el templo de tu santidad en tu temor.
Guíame, Jehová, en tu justicia á causa de mis enemigos; Endereza delante de mí tu camino. Porque no hay en su boca rectitud: Sus entrañas son pravedades; Sepulcro abierto su garganta: Con su lengua lisonjearán.
Desbarátalos, oh Dios; Caigan de sus consejos: Por la multitud de sus rebeliones échalos, Porque se rebelaron contra ti.
Y alegrarse han todos los que en ti confían; Para siempre darán voces de júbilo, porque tú los defiendes: Y en ti se regocijarán los que aman tu nombre. Porque tú, oh Jehová, bendecirás al justo; Lo cercarás de benevolencia como con un escudo.

6

JEHOVÁ, no me reprendas en tu furor, Ni me castigues con tu ira.
Ten misericordia de mí, oh Jehová, porque yo estoy debilitado: Sáname,
oh Jehová, porque mis huesos están conmovidos. Mi 3
alma asimismo está muy conturbada: Y tú, Jehová, ¿hasta cuándo?
Vuelve, oh Jehová, libra mi alma; Sálvame por tu misericordia. Porque
en la muerte no hay memoria de ti: ¿Quién te loará en el sepulcro?
Heme consumido á fuerza de gemir: Todas las noches inundo mi lecho,
Riego mi estrado con mis lágrimas.
Mis ojos están carcomidos de descontento; Hanse envejecido á causa de
todos mis angustiadores.
Apartaos de mí, todos los obradores de iniquidad; Porque Jehová ha
oído la voz de mi lloro.
Jehová ha oído mi ruego; Ha recibido Jehová mi oración. Se
avergonzarán, y turbaránse mucho todos mis enemigos; Volveránse y
serán avergonzados subitáneamente.

7

JEHOVÁ Dios mío, en ti he confiado: Sálvame de todos los que me
persiguen, y líbrame; No sea que arrebate mi alma, cual león Que
despedaza, sin que haya quien libre.
Jehová Dios mío, si yo he hecho esto, Si hay en mis manos iniquidad;
Si dí mal pago al pacífico conmigo, (Hasta he libertado al que sin causa
era mi enemigo;) Persiga el enemigo mi alma, y alcáncela; Y pise en
tierra mi vida, Y mi honra ponga en el polvo. (Selah.)
Levántate; oh Jehová, con tu furor; Álzate á causa de las iras de mis
angustiadores, Y despierta en favor mío el juicio que mandaste. Y te
rodeará concurso de pueblo; Por cuyo amor vuélvete luego á levantar en
alto.
Jehová juzgará los pueblos: Júzgame, oh Jehová, conforme á mi justicia
y conforme á mi integridad. Consúmase ahora la malicia de los inicuos,
y establece al justo; Pues el Dios justo prueba los corazones y los
riñones.
Mi escudo está en Dios, Que salva á los rectos de corazón. Dios es el
que juzga al justo: Y Dios está airado todos los días contra el impío. Si
no se convirtiere, él afilará su espada: Armado tiene ya su arco, y lo ha
preparado.
Asimismo ha aparejado para él armas de muerte; Ha labrado sus saetas
para los que persiguen. He aquí ha tenido parto de iniquidad: Concibió
trabajo, y parió mentira. Pozo ha cavado, y ahondádolo; Y en la fosa
que hizo caerá. Su trabajo se tornará sobre su cabeza, Y su agravio
descenderá sobre su mollera.

Alabaré yo á Jehová conforme á su justicia, Y cantaré al nombre de Jehová el Altísimo.

8

OH Jehová, Señor nuestro, ¡Cuán grande es tu nombre en toda la tierra, Que has puesto tu gloria sobre los cielos!

De la boca de los chiquitos y de los que maman, fundaste la fortaleza, Á causa de tus enemigos, Para hacer cesar al enemigo, y al que se venga.

Cuando veo tus cielos, obra de tus dedos, la luna y las estrellas que tú formaste: Digo: ¿Qué es el hombre, para que tengas de él memoria, Y el hijo del hombre, que lo visites?

Pues le has hecho poco menor que los ángeles, Y coronástelo de gloria y de lustre. Hicístelo enseñorear de las obras de tus manos; Todo lo pusiste debajo de sus pies: Ovejas, y bueyes, todo ello; Y asimismo las bestias del campo, Las aves de los cielos, y los peces de la mar; Todo cuanto pasa por los senderos de la mar.

Oh Jehová, Señor nuestro, ¡Cuán grande es tu nombre en toda la tierra!

9

TE alabaré, oh Jehová, con todo mi corazón; Contaré todas tus maravillas.

Alegraréme y regocijaréme en ti: Cantaré á tu nombre, oh Altísimo; Por haber sido mis enemigos vueltos atrás: Caerán y perecerán delante de ti.

Porque has hecho mi juicio y mi causa: Sentástete en silla juzgando justicia.

Reprendiste gentes, destruiste al malo, Raíste el nombre de ellos para siempre jamás. Oh enemigo, acabados son para siempre los asolamientos; Y las ciudades que derribaste, Su memoria pereció con ellas.

Mas Jehová permanecerá para siempre: Dispuesto ha su trono para juicio. Y él juzgará el mundo con justicia; Y juzgará los pueblos con rectitud.

Y será Jehová refugio al pobre, Refugio para el tiempo de angustia. Y en ti confiarán los que conocen tu nombre; Por cuanto tú, oh Jehová, no desamparaste á los que te buscaron.

Cantad á Jehová, que habita en Sión: Noticiad en los pueblos sus obras. Porque demandando la sangre se acordó de ellos: No se olvidó del clamor de los pobres.

Ten misericordia de mí, Jehová: Mira mi aflicción que padezco de los que me aborrecen, Tú que me levantas de las puertas de la muerte; Porque cuente yo todas tus alabanzas

En las puertas de la hija de Sión, Y me goce en tu salud. Hundiéronse las gentes en la fosa que hicieron; En la red que escondieron fué tomado su pie. Jehová fué conocido en el juicio que hizo; En la obra de sus manos fué enlazado el malo. (Higaion. Selah.) Los malos serán trasladados al infierno, Todas las gentes que se olvidan de Dios. Porque no para siempre será olvidado el pobre; Ni la esperanza de los pobres perecerá perpetuamente. Levántate, oh Jehová; no se fortalezca el hombre; Sean juzgadas las gentes delante de ti. Pon, oh Jehová, temor en ellos: Conozcan las gentes que son no más que hombres (Selah.)

10

¿POR qué estás lejos, oh Jehová, Y te escondes en el tiempo de la tribulación?

Con arrogancia el malo persigue al pobre: Serán cogidos en los artificios que han ideado. Por cuanto se alaba el malo del deseo de su alma, Y bendice al codicioso ó quien Jehová aborrece.

El malo, por la altivez de su rostro, no busca á Dios: No hay Dios en todos sus pensamientos. Sus caminos son viciosos en todo tiempo: Tus juicios los tiene muy lejos de su vista: Echa bocanadas en orden á todos sus enemigos.

Dice en su corazón: No seré movido en ningún tiempo, Ni jamás me alcanzará el infortunio. Llena está su boca de maldición, y de engaños y fraude: Debajo de su lengua, vejación y maldad.

Está en las guaridas de las aldeas: En los escondrijos mata al inocente: Sus ojos están acechando al pobre.

Acecha en oculto, como el león desde su cama: Acecha para arrebatar al pobre: Arrebata al pobre trayéndolo á su red. Encógese, agáchase, Y caen en sus fuerzas muchos desdichados. Dice en su corazón: Dios está olvidado, Ha encubierto su rostro; nunca lo verá.

Levántate, oh Jehová Dios, alza tu mano, No te olvides de los pobres. ¿Por qué irrita el malo á Dios? En su corazón ha dicho que no lo inquirirás.

Tú lo tienes visto: porque tú miras el trabajo, y la vejación, para vengar le por tu mano: Á ti se acoge el pobre, Tú eres el amparo del huérfano.

Quebranta el brazo del malo: Del maligno buscarás su maldad, hasta que ninguna halles. Jehová, Rey eterno y perpetuo: De su tierra fueron destruídas las gentes.

El deseo de los humildes oíste, oh Jehová: Tú dispones su corazón, y haces atento tu oído; Para juzgar al huérfano y al pobre, Á fin de que no vuelva más á hacer violencia el hombre de la tierra.

11

EN Jehová he confiado; ¿Cómo decís á mi alma: Escapa al monte cual ave?

Porque he aquí, los malos flecharon el arco, Apercibieron sus saetas sobre la cuerda, Para asaetear en oculto á los rectos de corazón.

Si fueren destruídos los fundamentos, ¿Qué ha de hacer el justo?

Jehová en el templo de su santidad: La silla de Jehová está en el cielo: Sus ojos ven, sus párpados examinan á los hijos de los hombres. Jehová prueba al justo; Empero al malo y al que ama la violencia, su alma aborrece.

Sobre los malos lloverá lazos; Fuego y azufre, con vientos de torbellinos, será la porción del cáliz de ellos.

Porque el justo Jehová ama la justicia: Al recto mirará su rostro.

12

SALVA, oh Jehová, porque se acabaron los misericordiosos: Porque se han acabado los fieles de entre los hijos de los hombres. Mentira habla cada uno con su prójimo; Con labios lisonjeros, con corazón doble hablan. Destruirá Jehová todos los labios lisonjeros, La lengua que habla grandezas, Que dijeron: Por nuestra lengua prevaleceremos; Nuestros labios están con nosotros: ¿quién nos es señor?

Por la opresión de los pobres, por el gemido de los menesterosos, Ahora me levantaré, dice Jehová: Pondrélos en salvo del que contra ellos se engríe.

Las palabras de Jehová, palabras limpias; Plata refinada en horno de tierra, Purificada siete veces. Tú, Jehová, los guardarás; Guárdalos para siempre de aquesta generación.

Cercando andan los malos, Mientras son exaltados los más viles de los hijos de los hombres.

13

¿HASTA cuándo, Jehová? ¿me olvidarás para siempre? ¿Hasta cuándo esconderás tu rostro de mí?

¿Hasta cuándo pondré consejos en mi alma, Con ansiedad en mi corazón cada día? ¿Hasta cuándo será enaltecido mi enemigo sobre mí?

Mira, óyeme, Jehová Dios mío: Alumbra mis ojos, porque no duerma en muerte; Porque no diga mi enemigo, Vencílo: Mis enemigos se alegrarán, si yo resbalare.

Mas yo en tu misericordia he confiado: Alegraráse mi corazón en tu salud. Cantaré á Jehová, Porque me ha hecho bien.

14

DIJO el necio en su corazón: No hay Dios. Corrompiéronse, hicieron obras abominables; No hay quien haga bien. Jehová miró desde los cielos sobre los hijos de los hombres, Por ver si había algún entendido, Que buscara á Dios. Todos declinaron, juntamente se han corrompido: No hay quien haga bien, no hay ni siquiera uno. ¿No tendrán conocimiento todos los que obran iniquidad, Que devoran á mi pueblo como si pan comiesen, Y á Jehová no invocaron? Allí temblaron de espanto; Porque Dios está con la nación de los justos. El consejo del pobre habéis escarnecido, Por cuanto Jehová es su esperanza.

¡Quién diese de Sión la salud de Israel! En tornando Jehová la cautividad de su pueblo, Se gozará Jacob, y alegraráse Israel.

15

JEHOVÁ, ¿quién habitará en tu tabernáculo? ¿Quién residirá en el monte de tu santidad?

El que anda en integridad, y obra justicia, Y habla verdad en su corazón. El que no detrae con su lengua, Ni hace mal á su prójimo, Ni contra su prójimo acoge oprobio alguno.

Aquel á cuyos ojos es menospreciado el vil; Mas honra á los que temen á Jehová: Y habiendo jurado en daño suyo, no por eso muda.

Quien su dinero no dió á usura, Ni contra el inocente tomó cohecho.

El que hace estas cosas, no resbalará para siempre.

16

GUÁRDAME, oh Dios, porque en ti he confiado.

Dijiste, oh alma mía, á Jehová: Tú eres el Señor: Mi bien á ti no aprovecha; Sino á los santos que están en la tierra, Y á los íntegros: toda mi afición en ellos.

Multiplicaránse los dolores de aquellos que sirven diligentes á otro dios: No ofreceré yo sus libaciones de sangre, Ni en mis labios tomaré sus nombres.

Jehová es la porción de mi parte y de mi copa; Tú sustentarás mi suerte.

Las cuerdas me cayeron en lugares deleitosos, Y es hermosa la heredad que me ha tocado.

Bendeciré á Jehová que me aconseja: Aun en las noches me enseñan mis riñones. Á Jehová he puesto siempre delante de mí: Porque está á mi diestra no seré conmovido.

Alegróse por tanto mi corazón, y se gozó mi gloria: También mi carne reposará segura. Porque no dejarás mi alma en el sepulcro; Ni permitirás que tu santo vea corrupción. Me mostrarás la senda de la vida: Hartura de alegrías hay con tu rostro; Deleites en tu diestra para siempre.

17

OYE, oh Jehová, justicia; está atento á mi clamor; Escucha mi oración hecha sin labios de engaño.

De delante de tu rostro salga mi juicio; Vean tus ojos la rectitud. Tú has probado mi corazón, hasme visitado de noche; Me has apurado, y nada inicuo hallaste: Heme propuesto que mi boca no ha de propasarse.

Para las obras humanas, por la palabra de tus labios Yo me he guardado de las vías del destructor. Sustenta mis pasos en tus caminos, Porque mis pies no resbalen.

Yo te he invocado, por cuanto tú me oirás, oh Dios: Inclina á mí tu oído, escucha mi palabra. Muestra tus estupendas misericordias, tú que salvas á los que en ti confían.

De los que se levantan contra tu diestra. Guárdame como lo negro de la niñeta del ojo, Escóndeme con la sombra de tus alas, De delante de los malos que me oprimen, De mis enemigos que me cercan por la vida. Cerrados están con su grosura; Con su boca hablan soberbiamente. Nuestros pasos nos han cercado ahora: Puestos tienen sus ojos para echar nos por tierra. Parecen al león que desea hacer presa, Y al leoncillo que está escondido.

Levántate, oh Jehová; Prevén su encuentro, póstrale: Libra mi alma del malo con tu espada; De los hombres con tu mano, oh Jehová, De los hombres de mundo, cuya parte es en esta vida, Y cuyo vientre hinches de tu tesoro: Hartan sus hijos, Y dejan el resto á sus chiquitos. Yo en justicia veré tu rostro: Seré saciado cuando despertare á tu semejanza.

18

AMARTE he, oh Jehová, fortaleza mía. Jehová, roca mía y castillo mío, y mi libertador; Dios mío, fuerte mío, en él confiaré; Escudo mío, y el cuerno de mi salud, mi refugio. Invocaré á Jehová, digno de ser alabado, Y seré salvo de mis enemigos.

Cercáronme dolores de muerte, Y torrentes de perversidad me atemorizaron.

Dolores del sepulcro me rodearon, Previniéronme lazos de muerte. En mi angustia invoqué á Jehová, Y clamé á mi Dios: Él oyó mi voz desde su templo, Y mi clamor llegó delante de él, á sus oídos.

Y la tierra fué conmovida y tembló; Y moviéronse los fundamentos de los montes, Y se estremecieron, porque se indignó él. Humo subió de su nariz, Y de su boca consumidor fuego; Carbones fueron por él encendidos. Y bajó los cielos, y descendió; Y oscuridad debajo de sus pies. Y cabalgó sobre un querubín, y voló: Voló sobre las alas del viento.

Puso tinieblas por escondedero suyo, su pabellón en derredor de sí; Oscuridad de aguas, nubes de los cielos. Por el resplandor delante de él, sus nubes pasaron; Granizo y carbones ardientes. Y tronó en los cielos Jehová, Y el Altísimo dió su voz; Granizo y carbones de fuego. Y envió sus saetas, y desbaratólos; Y echó relámpagos, y los destruyó.

Y aparecieron las honduras de las aguas, Y descubriéronse los cimientos del mundo, Á tu represión, oh Jehová, Por el soplo del viento de tu nariz. Envió desde lo alto; tomóme, Sacóme de las muchas aguas. Libróme de mi poderoso enemigo, Y de los que me aborrecían, aunque eran ellos más fuertes que yo.

Asaltáronme en el día de mi quebranto: Mas Jehová fué mi apoyo. Y sacóme á anchura: Libróme, porque se agradó de mí.

Hame pagado Jehová conforme á mi justicia: Conforme á la limpieza de mis manos me ha vuelto.

Porque yo he guardado los caminos de Jehová, Y no me aparté impíamente de mi Dios. Pues todos sus juicios estuvieron delante de mí, Y no eché de mí sus estatutos. Y fuí íntegro para con él, y cauteléme de mi maldad.

Pagóme pues Jehová conforme á mi justicia; Conforme á la limpieza de mis manos delante de sus ojos. Con el misericordioso te mostrarás misericordioso, Y recto para con el hombre íntegro. Limpio te mostrarás para con el limpio, Y severo serás para con el perverso. Y tú salvarás al pueblo humilde, Y humillarás los ojos altivos.

Tú pues alumbrarás mi lámpara: Jehová mi Dios alumbrará mis tinieblas. Porque contigo desharé ejércitos; Y con mi Dios asaltaré muros.

Dios, perfecto su camino: Es acendrada la palabra de Jehová: Escudo es á todos los que en él esperan. Porque ¿qué Dios hay fuera de Jehová? ¿Y qué fuerte fuera de nuestro Dios? Dios es el que me ciñe de fuerza, É hizo perfecto mi camino; Quien pone mis pies como pies de ciervas, É hízome estar sobre mis alturas; Quien enseña mis manos para la batalla, Y será quebrado con mis brazos el arco de acero.

Dísteme asimismo el escudo de tu salud: Y tu diestra me sustentó, Y tu benignidad me ha acrecentado. Ensanchaste mis pasos debajo de mí, Y no titubearon mis rodillas. Perseguido he mis enemigos, y alcancélos, Y no volví hasta acabarlos.

Helos herido, y no podrán levantarse: Cayeron debajo de mis pies. Pues me ceñiste de fortaleza para la pelea; Has agobiado mis enemigos debajo de mí. Y dísteme la cerviz de mis enemigos, Y destruí á los que me aborrecían.

Clamaron, y no hubo quien salvase: Aun á Jehová, mas no los oyó. Y molílos como polvo delante del viento; Esparcílos como lodo de las calles.

Librásteme de contiendas de pueblo: Pusísteme por cabecera de gentes: Pueblo que yo no conocía, me sirvió. Así que hubo oído, me obedeció; Los hijos de extraños me mintieron; Los extraños flaquearon, Y tuvieron miedo desde sus encerramientos.

Viva Jehová, y sea bendita mi roca; Y ensalzado sea el Dios de mi salud: El Dios que me da las venganzas, Y sujetó pueblos á mí. Mi libertador de mis enemigos: Hicísteme también superior de mis adversarios; Librásteme de varón violento.

Por tanto yo te confesaré entre las gentes, oh Jehová, Y cantaré á tu nombre. El cual engrandece las saludes de su rey, Y hace misericordia á su ungido, Á David y á su simiente, para siempre.

19

LOS cielos cuentan la gloria de Dios, Y la expansión denuncia la obra de sus manos.

El un día emite palabra al otro día, Y la una noche á la otra noche declara sabiduría. No hay dicho, ni palabras, Ni es oída su voz.

Por toda la tierra salió su hilo, Y al cabo del mundo sus palabras. En ellos puso tabernáculo para el sol. Y él, como un novio que sale de su tálamo, Alégrase cual gigante para correr el camino. Del un cabo de los cielos es su salida, Y su giro hasta la extremidad de ellos: Y no hay quien se esconda de su calor.

La ley de Jehová es perfecta, que vuelve el alma: El testimonio de Jehová, fiel, que hace sabio al pequeño. Los mandamientos de Jehová son rectos, que alegran el corazón: El precepto de Jehová, puro, que alumbra los ojos.

El temor de Jehová, limpio, que permanece para siempre; Los juicios de Jehová son verdad, todos justos. Deseables son más que el oro, y más que mucho oro afinado; Y dulces más que miel, y que la que destila del panal. Tu siervo es además amonestado con ellos: En guardarlos hay grande galardón.

Los errores, ¿quién los entenderá? Líbrame de los que me son ocultos. Detén asimismo á tu siervo de las soberbias; Que no se enseñoreen de mí: Entonces seré íntegro, y estaré limpio de gran rebelión.

Sean gratos los dichos de mi boca y la meditación de mi corazón delante de ti, Oh Jehová, roca mía, y redentor mío.

20

ÓIGATE Jehová en el día de conflicto; Defiéndate el nombre del Dios de Jacob. Envíete ayuda desde el santuario, Y desde Sión te sostenga.

Haga memoria de todos tus presentes, Y reduzca á ceniza tu holocausto. (Selah.)

Déte conforme á tu corazón, Y cumpla todo tu consejo. Nosotros nos alegraremos por tu salud, Y alzaremos pendón en el nombre de nuestro Dios: Cumpla Jehová todas tus peticiones.

Ahora echo de ver que Jehová guarda á su ungido: Oirálo desde los cielos de su santidad, Con la fuerza de la salvación de su diestra.

Éstos confían en carros, y aquéllos en caballos: Mas nosotros del nombre de Jehová nuestro Dios tendremos memoria. Ellos arrodillaron, y cayeron; Mas nosotros nos levantamos, y nos enhestamos.

Salva, Jehová: Que el Rey nos oiga el día que lo invocáremos.

21

ALEGRARÁSE el rey en tu fortaleza, oh Jehová; Y en tu salud se gozará mucho.

El deseo de su corazón le diste, Y no le negaste lo que sus labios pronunciaron. (Selah.)

Pues le has salido al encuentro con bendiciones de bien: Corona de oro fino has puesto sobre su cabeza. Vida te demandó, y dístele Largura de días por siglos y siglos. Grande es su gloria en tu salud: Honra y majestad has puesto sobre él.

Porque lo has bendecido para siempre; Llenástelo de alegría con tu rostro. Por cuanto el rey confía en Jehová, Y en la misericordia del Altísimo, no será conmovido.

Alcanzará tu mano á todos tus enemigos; Tu diestra alcanzará á los que te aborrecen. Ponerlos has como horno de fuego en el tiempo de tu ira: Jehová los deshará en su furor, Y fuego los consumirá.

Su fruto destruirás de la tierra, Y su simiente de entre los hijos de los hombres.

Porque trazaron el mal contra ti: Fraguaron maquinaciones, mas no prevalecerán. Pues tú los pondrás en fuga, Cuando aparejares en tus cuerdas las saetas contra sus rostros.

Ensálzate, oh Jehová, con tu fortaleza: Cantaremos y alabaremos tu poderío.

22

DIOS mío, Dios mío, ¿por qué me has dejado? ¿Por qué estás lejos de mi salud, y de las palabras de mi clamor?

Dios mío, clamo de día, y no oyes; Y de noche, y no hay para mí silencio. Tú empero eres santo, Tú que habitas entre las alabanzas de Israel. En ti esperaron nuestros padres: Esperaron, y tú los libraste. Clamaron á ti, y fueron librados: Esperaron en ti, y no se avergonzaron.

Mas yo soy gusano, y no hombre; Oprobio de los hombres, y desecho del pueblo. Todos los que me ven, escarnecen de mí; Estiran los labios, menean la cabeza, diciendo: Remítese á Jehová, líbrelo; Sálvele, puesto que en él se complacía.

Empero tú eres el que me sacó del vientre, El que me haces esperar desde que estaba á los pechos de mi madre. Sobre ti fuí echado desde la matriz: Desde el vientre de mi madre, tú eres mi Dios.

No te alejes de mí, porque la angustia está cerca; Porque no hay quien ayude. Hanme rodeado muchos toros; Fuertes toros de Basán me han cercado. Abrieron sobre mí su boca, Como león rapante y rugiente.

Heme escurrido como aguas, Y todos mis huesos se descoyuntaron: Mi corazón fué como cera, Desliéndose en medio de mis entrañas. Secóse como un tiesto mi vigor, Y mi lengua se pegó á mi paladar; Y me has puesto en el polvo de la muerte.

Porque perros me han rodeado, Hame cercado cuadrilla de malignos: Horadaron mis manos y mis pies. Contar puedo todos mis huesos; Ellos miran, considéranme.

Partieron entre sí mis vestidos, Y sobre mi ropa echaron suertes. Mas tú, Jehová, no te alejes; Fortaleza mía, apresúrate para mi ayuda. Libra de la espada mi alma; Del poder del perro mi única. Sálvame de la boca del león, Y óyeme librándome de los cuernos de los unicornios.

Anunciaré tu nombre á mis hermanos: En medio de la congregación te alabaré. Los que teméis á Jehová, alabadle; Glorificadle, simiente toda de Jacob; Y temed de él, vosotros, simiente toda de Israel.

Porque no menospreció ni abominó la aflicción del pobre, Ni de él escondió su rostro; Sino que cuando clamó á él, oyóle. De ti será mi alabanza en la grande congregación; Mis votos pagaré delante de los que le temen.

Comerán los pobres, y serán saciados: Alabarán á Jehová los que le buscan: Vivirá vuestro corazón para siempre. Acordarse han, y volveránse á Jehová todos los términos de la tierra; Y se humillarán delante de ti todas las familias de las gentes. Porque de Jehová es el reino; Y él se enseñoreará de las gentes.

Comerán y adorarán todos los poderosos de la tierra: Postraránse delante de él todos los que descienden al polvo, Si bien ninguno puede conservar la vida á su propia alma.

La posteridad le servirá; Será ella contada por una generación de Jehová. Vendrán, y anunciarán al pueblo que naciere, Su justicia que él hizo.

23

JEHOVÁ es mi pastor; nada me faltará.

En lugares de delicados pastos me hará yacer: Junto á aguas de reposo me pastoreará. Confortará mi alma; Guiárame por sendas de justicia por amor de su nombre.

Aunque ande en valle de sombra de muerte, No temeré mal alguno; porque tú estarás conmigo: Tu vara y tu cayado me infundirán aliento. Aderezarás mesa delante de mí, en presencia de mis angustiadores: Ungiste mi cabeza con aceite: mi copa está rebosando.

Ciertamente el bien y la misericordia me seguirán todos los días de mi vida: Y en la casa de Jehová moraré por largos días.

24

DE Jehová es la tierra y su plenitud; El mundo, y los que en él habitan. Porque él la fundó sobre los mares, Y afirmóla sobre los ríos. ¿Quién subirá al monte de Jehová? ¿Y quién estará en el lugar de su santidad?

El limpio de manos, y puro de corazón: El que no ha elevado su alma á la vanidad, Ni jurado con engaño. Él recibirá bendición de Jehová, Y justicia del Dios de salud. Tal es la generación de los que le buscan, De los que buscan tu rostro, oh Dios de Jacob. (Selah.)

Alzad, oh puertas, vuestras cabezas, Y alzaos vosotras, puertas eternas, Y entrará el Rey de gloria. ¿Quién es este Rey de gloria? Jehová el fuerte y valiente, Jehová el poderoso en batalla.

Alzad, oh puertas, vuestras cabezas, Y alzaos vosotras, puertas eternas, Y entrará el Rey de gloria. ¿Quién es este Rey de gloria? Jehová de los ejércitos, Él es el Rey de la gloria. (Selah.)

25

Á TI, oh Jehová, levantaré mi alma.

Dios mío, en ti confío; No sea yo avergonzado, No se alegren de mí mis enemigos. Ciertamente ninguno de cuantos en ti esperan será confundido: Serán avergonzados los que se rebelan sin causa.

Muéstrame, oh Jehová, tus caminos; Enséñame tus sendas. Encamíname en tu verdad, y enséñame; Porque tú eres el Dios de mi salud: En ti he esperado todo el día.

Acuérdate, oh Jehová, de tus conmiseraciones y de tus misericordias, Que son perpetuas. De los pecados de mi mocedad, y de mis rebeliones, no te acuerdes; Conforme á tu misericordia acuérdate de mí, Por tu bondad, oh Jehová.

Bueno y recto es Jehová: Por tanto él enseñará á los pecadores el camino. Encaminará á los humildes por el juicio, Y enseñará á los mansos su carrera. Todas las sendas de Jehová son misericordia y verdad, Para los que guardan su pacto y sus testimonios.

Por amor de tu nombre, oh Jehová, Perdonarás también mi pecado;

porque es grande. ¿Quién es el hombre que teme á Jehová? Él le enseñará el camino que ha de escoger. Su alma reposará en el bien, Y su simiente heredará la tierra.

El secreto de Jehová es para los que le temen; Y á ellos hará conocer su alianza. Mis ojos están siempre hacia Jehová; Porque él sacará mis pies de la red. Mírame, y ten misericordia de mí; Porque estoy solo y afligido. Las angustias de mi corazón se han aumentado: Sácame de mis congojas.

Mira mi aflicción y mi trabajo: Y perdona todos mis pecados. Mira mis enemigos, que se han multiplicado, Y con odio violento me aborrecen.

Guarda mi alma, y líbrame: No sea yo avergonzado, porque en ti confié.

Integridad y rectitud me guarden; Porque en ti he esperado.

Redime, oh Dios, á Israel De todas sus angustias.

26

JÚZGAME, oh Jehová, porque yo en mi integridad he andado: Confiado he asimismo en Jehová, no vacilaré.

Pruébame, oh Jehová, y sondéame: Examina mis riñones y mi corazón. Porque tu misericordia está delante de mis ojos, Y en tu verdad ando.

No me he sentado con hombres de falsedad; Ni entré con los que andan encubiertamente. Aborrecí la reunión de los malignos, Y con los impíos nunca me senté. Lavaré en inocencia mis manos, Y andaré alrededor de tu altar, oh Jehová: Para exclamar con voz de acción de gracias, Y para contar todas tus maravillas. Jehová, la habitación de tu casa he amado, Y el lugar del tabernáculo de tu gloria.

No juntes con los pecadores mi alma, Ni con los hombres de sangres mi vida: En cuyas manos está el mal, Y su diestra está llena de sobornos.

Yo empero andaré en mi integridad: Redímeme, y ten misericordia de mí. Mi pie ha estado en rectitud: En las congregaciones bendeciré á Jehová.

27

JEHOVÁ es mi luz y mi salvación: ¿de quién temeré? Jehová es la fortaleza de mi vida: ¿de quién he de atemorizarme?

Cuando se allegaron contra mí los malignos, mis angustiadores y mis enemigos, Para comer mis carnes, ellos tropezaron y cayeron. Aunque se asiente campo contra mí, No temerá mi corazón: Aunque contra mí se levante guerra, Yo en esto confío.

Una cosa he demandado á Jehová, ésta buscaré: Que esté yo en la casa de Jehová todos los días de mi vida, Para contemplar la hermosura de Jehová, y para inquirir en su templo. Porque él me esconderá en su tabernáculo en el día del mal; Ocultaráme en lo reservado de su pabellón; Pondráme en alto sobre una roca. Y luego ensalzará mi cabeza sobre mis enemigos en derredor de mí: Y yo sacrificaré en su tabernáculo sacrificios de júbilo: Cantaré y salmearé á Jehová.

Oye, oh Jehová, mi voz con que á ti clamo; Y ten misericordia de mí, respóndeme. Mi corazón ha dicho de ti: Buscad mi rostro. Tu rostro buscaré, oh Jehová.

No escondas tu rostro de mí, No apartes con ira á tu siervo: Mi ayuda has sido; No me dejes y no me desampares, Dios de mi salud. Aunque mi padre y mi madre me dejaran, Jehová con todo me recogerá.

Enséñame, oh Jehová, tu camino, Y guíame por senda de rectitud, Á causa de mis enemigos.

No me entregues á la voluntad de mis enemigos; Porque se han levantado contra mí testigos falsos, y los que respiran crueldad. Hubiera yo desmayado, si no creyese que tengo de ver la bondad de Jehová En la tierra de los vivientes.

Aguarda á Jehová; Esfuérzate, y aliéntese tu corazón: Sí, espera á Jehová.

28

Á TI clamaré, oh Jehová, Fortaleza mía: no te desentiendas de mí; Porque no sea yo, dejándome tú, Semejante á los que descienden al sepulcro.

Oye la voz de mis ruegos cuando clamo á ti, Cuando alzo mis manos hacia el templo de tu santidad. No me arrebates á una con los malos, Y con los que hacen iniquidad: Los cuales hablan paz con sus prójimos, Y la maldad está en su corazón.

Dales conforme á su obra, y conforme á la malicia de sus hechos: Dales conforme á la obra de sus manos, Dales su paga. Porque no atendieron á las obras de Jehová, Ni al hecho de sus manos, Derribarálos, y no los edificará.

Bendito Jehová, Que oyó la voz de mis ruegos. Jehová es mi fortaleza y mi escudo: En él esperó mi corazón, y fuí ayudado; Por lo que se gozó mi corazón, Y con mi canción le alabaré.

Jehová es su fuerza, Y la fortaleza de las saludes de su ungido. Salva á tu pueblo, y bendice á tu heredad; Y pastoréalos y ensálzalos para siempre.

29

DAD á Jehová, oh hijos de fuertes, Dad á Jehová la gloria y la fortaleza.

Dad á Jehová la gloria debida á su nombre: Humillaos á Jehová en el glorioso santuario.

Voz de Jehová sobre las aguas: Hizo tronar el Dios de gloria: Jehová sobre las muchas aguas.

Voz de Jehová con potencia; Voz de Jehová con gloria.

Voz de Jehová que quebranta los cedros; Y quebrantó Jehová los cedros del Líbano. É hízolos saltar como becerros; Al Líbano y al Sirión como hijos de unicornios.

Voz de Jehová que derrama llamas de fuego. Voz de Jehová que hará temblar el desierto; Hará temblar Jehová el desierto de Cades.

Voz de Jehová que hará estar de parto á las ciervas, Y desnudará la breñas: Y en su templo todos los suyos le dicen gloria. Jehová preside en el diluvio, Y asentóse Jehová por rey para siempre.

Jehová dará fortaleza á su pueblo: Jehová bendecirá á su pueblo en paz.

30

GLORIFICARTE he, oh Jehová; porque me has ensalzado, Y no hiciste á mis enemigos alegrarse de mí.

Jehová Dios mío, Á ti clamé, y me sanaste. Oh Jehová, hiciste subir mi alma del sepulcro; Dísteme vida, para que no descendiese á la sepultura.

Cantad á Jehová, vosotros sus santos, Y celebrad la memoria de su santidad. Porque un momento será su furor; Mas en su voluntad está la vida: Por la tarde durará el lloró, Y á la mañana vendrá la alegría.

Y dije yo en mi prosperidad: No seré jamás conmovido; Porque tú, Jehová, por tu benevolencia has asentado mi monte con fortaleza.

Escondiste tu rostro, fuí conturbado. Á ti, oh Jehová, clamaré; Y al Señor suplicaré. ¿Qué provecho hay en mi muerte, cuando yo descienda al hoyo? ¿Te alabará el polvo? ¿anunciará tu verdad?

Oye, oh Jehová, y ten misericordia de mí: Jehová, sé tú mi ayudador.

Has tornado mi endecha en baile; Desataste mi saco, y ceñísteme de alegría.

Por tanto á ti cantaré, gloria mía, y no estaré callado. Jehová Dios mío, te alabaré para siempre.

31

EN ti, oh Jehová, he esperado; no sea yo confundido para siempre: Líbrame en tu justicia.

Inclina á mí tu oído, líbrame presto; Séme por roca de fortaleza, por casa fuerte para salvarme. Porque tú eres mi roca y mi castillo; Y por tu nombre me guiarás, y me encaminarás.

Me sacarás de la red que han escondido para mí; Porque tú eres mi fortaleza. En tu mano encomiendo mi espíritu: Tú me has redimido, oh Jehová, Dios de verdad.

Aborrecí á los que esperan en vanidades ilusorias; Mas yo en Jehová he esperado. Me gozaré y alegraré en tu misericordia; Porque has visto mi aflicción; Has conocido mi alma en las angustias: Y no me encerraste en mano del enemigo; Hiciste estar mis pies en anchura.

Ten misericordia de mí, oh Jehová, que estoy en angustia: Hanse consumido de pesar mis ojos, mi alma, y mis entrañas. Porque mi vida se va gastando de dolor, y mis años de suspirar: Hase enflaquecido mi fuerza á causa de mi iniquidad, y mis huesos se han consumido.

De todos mis enemigos he sido oprobio, Y de mis vecinos en gran manera, y horror á mis conocidos: Los que me veían fuera, huían de mí. He sido olvidado de su corazón como un muerto: He venido á ser como un vaso perdido. Porque he oído afrenta de muchos; Miedo por todas partes, Cuando consultaban juntos contra mí, É ideaban quitarme la vida. Mas yo en ti confié, oh Jehová: Yo dije: Dios mío eres tú.

En tu mano están mis tiempos: Líbrame de la mano de mis enemigos, y de mis perseguidores. Haz resplandecer tu rostro sobre tu siervo: Sálvame por tu misericordia.

No sea yo confundido, oh Jehová, ya que te he invocado; Sean corridos los impíos, estén mudos en el profundo. Enmudezcan los labios mentirosos, Que hablan contra el justo cosas duras, Con soberbia y menosprecio.

¡Cuán grande es tu bien, que has guardado para los que te temen, Que has obrado para los que esperan en ti, delante de los hijos de los hombres! Los esconderás en el secreto de tu rostro de las arrogancias del hombre: Los pondrás en un tabernáculo á cubierto de contención de lenguas.

Bendito Jehová, Porque ha hecho maravillosa su misericordia para conmigo en ciudad fuerte. Y decía yo en mi premura: Cortado soy de delante de tus ojos: Tú empero oíste la voz de mis ruegos, cuando á ti clamaba.

Amad á Jehová todos vosotros sus santos: Á los fieles guarda Jehová, Y paga abundantemente al que obra con soberbia.

Esforzaos todos vosotros los que esperáis en Jehová, Y tome vuestro corazón aliento.

32

BIENAVENTURADO aquel cuyas iniquidades son perdonadas, y borrados sus pecados.

Bienaventurado el hombre á quien no imputa Jehová la iniquidad, Y en cuyo espíritu no hay superchería.

Mientras callé, envejeciéronse mis huesos En mi gemir todo el día. Porque de día y de noche se agravó sobre mí tu mano; Volvióse mi verdor en sequedades de estío. (Selah.)

Mi pecado te declaré, y no encubrí mi iniquidad. Confesaré, dije, contra mí mis rebeliones á Jehová; Y tú perdonaste la maldad de mi pecado. (Selah.)

Por esto orará á ti todo santo en el tiempo de poder hallarte: Ciertamente en la inundación de muchas aguas no llegarán éstas á él. Tú eres mi refugio; me guardarás de angustia; Con cánticos de liberación me rodearás. (Selah.)

Te haré entender, y te enseñaré el camino en que debes andar: Sobre ti fijaré mis ojos. No seáis como el caballo, ó como el mulo, sin entendimiento: Con cabestro y con freno su boca ha de ser reprimida, Para que no lleguen á ti.

Muchos dolores para el impío; Mas el que espera en Jehová, lo cercará misericordia.

Alegraos en Jehová, y gozaos, justos: Y cantad todos vosotros los rectos de corazón.

33

ALEGRAOS, justos, en Jehová: Á los rectos es hermosa la alabanza.

Celebrad á Jehová con arpa: Cantadle con salterio y decacordio. Cantadle canción nueva: Hacedlo bien tañendo con júbilo. Porque recta es la palabra de Jehová, Y toda su obra con verdad hecha.

Él ama justicia y juicio: De la misericordia de Jehová está llena la tierra. Por la palabra de Jehová fueron hechos los cielos, Y todo el ejército de ellos por el espíritu de su boca. Él junta como en un montón las aguas de la mar: Él pone en depósitos los abismos.

Tema á Jehová toda la tierra: Teman de él todos los habitadores del mundo. Porque él dijo, y fué hecho; Él mandó, y existió. Jehová hace nulo el consejo de las gentes, Y frustra las maquinaciones de los pueblos.

El consejo de Jehová permanecerá para siempre; Los pensamientos de su corazón por todas las generaciones.

Bienaventurada la gente de que Jehová es su Dios; El pueblo á quien escogió por heredad para sí.

Desde los cielos miró Jehová; Vió á todos los hijos de los hombres: Desde la morada de su asiento miró Sobre todos los moradores de la tierra. Él formó el corazón de todos ellos; Él considera todas sus obras.

El rey no es salvo con la multitud del ejército: No escapa el valiente por la mucha fuerza. Vanidad es el caballo para salvarse: Por la grandeza de su fuerza no librará.

He aquí, el ojo de Jehová sobre los que le temen, Sobre los que esperan en su misericordia; Para librar sus almas de la muerte, Y para darles vida en el hambre.

Nuestra alma esperó á Jehová; Nuestra ayuda y nuestro escudo es él.

Por tanto en él se alegrará nuestro corazón, Porque en su santo nombre hemos confiado.
Sea tu misericordia, oh Jehová, sobre nosotros, Como esperamos en ti.

34

BENDECIRÉ á Jehová en todo tiempo; Su alabanza será siempre en mi boca.
En Jehová se gloriará mi alma: Oiránlo los mansos, y se alegrarán. Engrandeced á Jehová conmigo, Y ensalcemos su nombre á una.
Busqué á Jehová, y él me oyó, Y libróme de todos mis temores. Á él miraron y fueron alumbrados: Y sus rostros no se avergonzaron. Este pobre clamó, y oyóle Jehová, Y librólo de todas sus angustias. El ángel de Jehová acampa en derredor de los que le temen, Y los defiende.
Gustad, y ved que es bueno Jehová: Dichoso el hombre que confiará en él. Temed á Jehová, vosotros sus santos; Porque no hay falta para los que le temen.
Los leoncillos necesitaron, y tuvieron hambre; Pero los que buscan á Jehová, no tendrán falta de ningún bien. Venid, hijos, oídme; El temor de Jehová os enseñaré.
¿Quién es el hombre que desea vida, Que codicia días para ver bien? Guarda tu lengua de mal, Y tus labios de hablar engaño. Apártate del mal, y haz el bien; Busca la paz, y síguela.
Los ojos de Jehová están sobre los justos, Y atentos sus oídos al clamor de ellos. La ira de Jehová contra los que mal hacen, Para cortar de la tierra la memoria de ellos.
Clamaron los justos, y Jehová oyó, Y librólos de todas sus angustias. Cercano está Jehová á los quebrantados de corazón; Y salvará á los contritos de espíritu. Muchos son los males del justo; Mas de todos ellos lo librará Jehová.
Él guarda todos sus huesos; Ni uno de ellos será quebrantado. Matará al malo la maldad; Y los que aborrecen al justo serán asolados.
Jehová redime el alma de sus siervos; Y no serán asolados cuantos en él confían.

35

DISPUTA, oh Jehová, con los que contra mí contienden; Pelea con los que me combaten.
Echa mano al escudo y al pavés, Y levántate en mi ayuda. Y saca la lanza, cierra contra mis perseguidores; Di á mi alma: Yo soy tu salud.
Avergüéncense y confúndanse los que buscan mi alma: Vuelvan atrás, y sean avergonzados los que mi mal intentan. Sean como el tamo delante del viento; Y el ángel de Jehová los acose. Sea su camino oscuridad y

resbaladeros; Y el ángel de Jehová los persiga.

Porque sin causa escondieron para mí su red en un hoyo; Sin causa hicieron hoyo para mi alma. Véngale el quebrantamiento que no sepa, Y su red que escondió lo prenda: Con quebrantamiento en ella caiga.

Y gócese mi alma en Jehová; Y alégrese en su salud. Todos mis huesos dirán: Jehová, ¿quién como tú, Que libras al afligido del más fuerte que él, Y al pobre y menesteroso del que le despoja?

Levantáronse testigos falsos; Demandáronme lo que no sabía; Volviéronme mal por bien, Para abatir á mi alma. Mas yo, cuando ellos enfermaron, me vestí de saco; Afligí con ayuno mi alma, Y mi oración se revolvía en mi seno.

Como por mi compañero, como por mi hermano andaba; Como el que trae luto por madre, enlutado me humillaba. Pero ellos se alegraron en mi adversidad, y se juntaron; Juntáronse contra mí gentes despreciables, y yo no lo entendía: Despedazábanme, y no cesaban; Con los lisonjeros escarnecedores truhanes, Crujiendo sobre mí sus dientes.

Señor, ¿hasta cuándo verás esto? Recobra mi alma de sus quebrantamientos, mi única de los leones. Te confesaré en grande congregación; Te alabaré entre numeroso pueblo.

No se alegren de mí mis enemigos injustos: Ni los que me aborrecen sin causa hagan del ojo. Porque no hablan paz; Y contra los mansos de la tierra piensan palabras engañosas. Y ensancharon sobre mí su boca; Dijeron: ¡Ea, ea, nuestros ojos
lo han visto!

Tú lo has visto, oh Jehová; no calles: Señor, de mí no te alejes. Muévete y despierta para mi juicio, Para mi causa, Dios mío y Señor mío. Júzgame conforme á tu justicia, Jehová Dios mío; Y no se alegren de mí. No digan en su corazón: ¡Ea, alma nuestra! No digan: ¡Hémoslo devorado!

Avergüéncense, y sean confundidos á una los que de mi mal se alegran: Vístanse de vergüenza y de confusión los que se engrandecen contra mí. Canten y alégrense los que están á favor de mi justa causa, Y digan siempre: Sea ensalzado Jehová, Que ama la paz de su siervo. Y mi lengua hablará de tu justicia, Y de tu loor todo el día.

36

LA iniquidad del impío me dice al corazón: No hay temor de Dios delante de sus ojos.

Lisonjéase, por tanto, en sus propios ojos, Hasta que su iniquidad sea hallada aborrecible. Las palabras de su boca son iniquidad y fraude; No quiso entender para bien hacer. Iniquidad piensa sobre su cama; Está en camino no bueno, El mal no aborrece.

Jehová, hasta los cielos es tu misericordia; Tu verdad hasta las nubes. Tu justicia como los montes de Dios, Tus juicios abismo grande: Oh Jehová, al hombre y al animal conservas. ¡Cuán ilustre, oh Dios, es tu misericordia! Por eso los hijos de los hombres se amparan bajo la sombra de tus alas. Embriagarse han de la grosura de tu casa; Y tú los abrevarás del torrente de tus delicias. Porque contigo está el manantial de la vida: En tu luz veremos la luz. Extiende tu misericordia á los que te conocen, Y tu justicia á los rectos de corazón. No venga contra mí pie de soberbia; Y mano de impíos no me mueva. Allí cayeron los obradores de iniquidad; Fueron rempujados, y no pudieron levantarse.

37

NO te impacientes á causa de los malignos, Ni tengas envidia de los que hacen iniquidad. Porque como hierba serán presto cortados, Y decaerán como verdor de renuevo. Espera en Jehová, y haz bien; Vivirás en la tierra, y en verdad serás alimentado. Pon asimismo tu delicia en Jehová, Y él te dará las peticiones de tu corazón. Encomienda á Jehová tu camino, Y espera en él; y él hará. Y exhibirá tu justicia como la luz, Y tus derechos como el medio día. Calla á Jehová, y espera en él: No te alteres con motivo del que prospera en su camino, Por el hombre que hace maldades. Déjate de la ira, y depón el enojo: No te excites en manera alguna á hacer lo malo. Porque los malignos serán talados, Mas los que esperan en Jehová, ellos heredarán la tierra. Pues de aquí á poco no será el malo: Y contemplarás sobre su lugar, y no parecerá. Pero los mansos heredarán la tierra, Y se recrearán con abundancia de paz. Maquina el impío contra el justo, Y cruje sobre él sus dientes. El Señor se reirá de él; Porque ve que viene su día. Los impíos desenvainaron espada, y entesaron su arco, Para derribar al pobre y al menesteroso, Para matar á los de recto proceder. La espada de ellos entrará en su mismo corazón, Y su arco será quebrado. Mejor es lo poco del justo, Que las riquezas de muchos pecadores. Porque los brazos de los impíos serán quebrados: Mas el que sostiene á los justos es Jehová. Conoce Jehová los días de los perfectos: Y la heredad de ellos será para siempre. No serán avergonzados en el mal tiempo; Y en los días de hambre serán hartos. Mas los impíos perecerán, Y los enemigos de Jehová como la grasa de los carneros Serán consumidos: se disiparán como humo.

El impío toma prestado, y no paga; Mas el justo tiene misericordia, y da. Porque los benditos de él heredarán la tierra; Y los malditos de él serán talados.

Por Jehová son ordenados los pasos del hombre, Y aprueba su camino. Cuando cayere, no quedará postrado; Porque Jehová sostiene su mano. Mozo fuí, y he envejecido, Y no he visto justo desamparado, Ni su simiente que mendigue pan. En todo tiempo tiene misericordia, y presta; Y su simiente es para bendición.

Apártate del mal, y haz el bien, Y vivirás para siempre. Porque Jehová ama la rectitud, Y no desampara sus santos: Mas la simiente de los impíos será extirpada. Los justos heredarán la tierra, Y vivirán para siempre sobre ella.

La boca del justo hablara sabiduría; Y su lengua proferirá juicio. La ley de su Dios está en su corazón; Por tanto sus pasos no vacilarán. Acecha el impío al justo, Y procura matarlo. Jehová no lo dejará en sus manos, Ni lo condenará cuando le juzgaren.

Espera en Jehová, y guarda su camino, Y él te ensalzará para heredar la tierra: Cuando serán talados los pecadores, lo verás. Vi yo al impío sumamente ensalzado, Y que se extendía como un laurel verde. Empero pasóse, y he aquí no parece; Y busquélo, y no fué hallado.

Considera al íntegro, y mira al justo: Que la postrimería de cada uno de ellos es paz. Mas los transgresores fueron todos á una destruídos: La postrimería de los impíos fué talada.

Pero la salvación de los justos es de Jehová, Y él es su fortaleza en el tiempo de angustia. Y Jehová los ayudará, Y los librará: y libertarálos de los impíos, y los salvará, Por cuanto en él esperaron.

38

JEHOVÁ, no me reprendas en tu furor, Ni me castigues en tu ira.

Porque tus saetas descendieron á mí, Y sobre mí ha caído tu mano. No hay sanidad en mi carne á causa de tu ira; Ni hay paz en mis huesos á causa de mi pecado. Porque mis iniquidades han pasado mi cabeza: Como carga pesada se han agravado sobre mí.

Pudriéronse, corrompiéronse mis llagas, Á causa de mi locura. Estoy encorvado, estoy humillado en gran manera, Ando enlutado todo el día. Porque mis lomos están llenos de irritación, Y no hay sanidad en mi carne. Estoy debilitado y molido en gran manera; Bramo á causa de la conmoción de mi corazón. Señor, delante de ti están todos mis deseos; Y   mi

suspiro no te es oculto.

Mi corazón está acongojado, hame dejado mi vigor; Y aun la misma luz de mis ojos no está conmigo. Mis amigos y mis compañeros se quitaron de delante de mi plaga; Y mis cercanos se pusieron lejos. Y los que buscaban mi alma armaron lazos; Y los que procuraban mi mal hablaban iniquidades, Y meditaban fraudes todo el día.

Mas yo, como si fuera sordo no oía; Y estaba como un mudo, que no abre su boca. Fuí pues como un hombre que no oye, Y que en su boca no tiene reprensiones. Porque á ti, oh Jehová, esperé yo: Tú responderás, Jehová Dios mío. Porque dije: Que no se alegren de mí: Cuando mi pie resbalaba, sobre mí se engrandecían.

Empero yo estoy á pique de claudicar, Y mi dolor está delante de mí continuamente. Por tanto denunciaré mi maldad; Congojaréme por mi pecado. Porque mis enemigos están vivos y fuertes: Y hanse aumentado los que me aborrecen sin causa: Y pagando mal por bien Me son contrarios, por seguir yo lo bueno.

No me desampares, oh Jehová: Dios mío, no te alejes de mí. Apresúrate á ayudarme, Oh Señor, mi salud.

39

YO DIJE: Atenderé á mis caminos, Para no pecar con mi lengua: Guardaré mi boca con freno, En tanto que el impío fuere contra mí.

Enmudecí con silencio, calléme aun respecto de lo bueno: Y excitóse mi dolor. Enardecióse mi corazón dentro de mí; Encendióse fuego en mi meditación, Y así proferí con mi lengua: Hazme saber, Jehová, mi fin, Y cuánta sea la medida de mis días; Sepa yo cuánto tengo de ser del mundo.

He aquí diste á mis días término corto, Y mi edad es como nada delante de ti: Ciertamente es completa vanidad todo hombre que vive. (Selah.)

Ciertamente en tinieblas anda el hombre; Ciertamente en vano se inquieta: Junta, y no sabe quién lo allegará. Y ahora, Señor, ¿qué esperaré?

Mi esperanza en ti está. Líbrame de todas mis rebeliones; No me pongas por escarnio del insensato. Enmudecí, no abrí mi boca; Porque tú lo hiciste. Quita de sobre mí tu plaga; De la guerra de tu mano soy consumido.

Con castigos sobre el pecado corriges al hombre, Y haces consumirse como de polilla su grandeza: Ciertamente vanidad es todo hombre. (Selah.)

Oye mi oración, oh Jehová, y escucha mi clamor: No calles á mis lágrimas; Porque peregrino soy para contigo, Y advenedizo, como todos mis padres. Déjame, y tomaré fuerzas, Antes que vaya y perezca.

RESIGNADAMENTE esperé á Jehová, É inclinóse á mí, y oyó mi clamor.

É hízome sacar de un lago de miseria, del lodo cenagoso; Y puso mis pies sobre peña, y enderezó mis pasos. Puso luego en mi boca canción nueva, alabanza á nuestro Dios. Verán esto muchos, y temerán, Y esperarán en Jehová.

Bienaventurado el hombre que puso á Jehová por su confianza, Y no mira á los soberbios, ni á los que declinan á la mentira. Aumentado has tú, oh Jehová Dios mío, tus maravillas; Y tus pensamientos para con nosotros, No te los podremos contar: Si yo anunciare y hablare de ellos, No pueden ser enarrados.

Sacrificio y presente no te agrada; Has abierto mis oídos; Holocausto y expiación no has demandado. Entonces dije: He aquí, vengo; En el envoltorio del libro está escrito de mí: El hacer tu voluntad, Dios mío, hame agradado; Y tu ley está en medio de mis entrañas.

Anunciado he justicia en grande congregación: He aquí no detuve mis labios, Jehová, tú lo sabes. No encubrí tu justicia dentro de mi corazón: Tu verdad y tu salvación he dicho: No oculté tu misericordia y tu verdad en grande concurso.

Tú, Jehová, no apartes de mí tus misericordias: Tu misericordia y tu verdad me guarden siempre. Porque me han cercado males hasta no haber cuento: Hanme comprendido mis maldades, y no puedo levantar la vista: Hanse aumentado más que los cabellos de mi cabeza, y mi corazón me falta.

Quieras, oh Jehová, librarme; Jehová, apresúrate á socorrerme. Sean avergonzados y confusos á una Los que buscan mi vida para cortarla: Vuelvan atrás y avergüéncense Los que mi mal desean.

Sean asolados en pago de su afrenta Los que me dicen: ¡Ea, ea! Gócense y alégrense en ti todos los que te buscan; Y digan siempre los que aman tu salud: Jehová sea ensalzado.

Aunque afligido yo y necesitado, Jehová pensará de mí: Mi ayuda y mi libertador eres tú; Dios mío, no te tardes.

41

BIENAVENTURADO el que piensa en el pobre: En el día malo lo librará Jehová.

Jehová lo guardé, y le dé vida: sea bienaventurado en la tierra, Y no lo entregues á la voluntad de sus enemigos. Jehová lo sustentará sobre el lecho del dolor: Mullirás toda su cama en su enfermedad.

Yo dije: Jehová, ten misericordia de mí; Sana mi alma, porque contra ti he pecado. Mis enemigos dicen mal de mí preguntando: ¿Cuándo morirá, y perecerá su nombre? Y si venía á verme, hablaba mentira: Su corazón se amontonaba iniquidad; Y salido fuera, hablábala.

Reunidos murmuraban contra mí todos los que me aborrecían: Contra mí pensaban mal, diciendo de mí: Cosa pestilencial de él se ha apoderado; Y el que cayó en cama, no volverá á levantarse. Aun el hombre de mi paz, en quien yo confiaba, el que de mi pan comía, Alzó contra mí el calcañar.

Mas tú, Jehová, ten misericordia de mí, y hazme levantar, Y daréles el pago. En esto habré conocido que te he agradado, Que mi enemigo no se holgará de mí.

En cuanto á mí, en mi integridad me has sustentado, Y me has hecho estar delante de ti para siempre.

Bendito sea Jehová, el Dios de Israel, Por siglos de siglos. Amén y Amén.

42

COMO el ciervo brama por las corrientes de las aguas, Así clama por ti, oh Dios, el alma mía.

Mi alma tiene sed de Dios, del Dios vivo: ¡Cuándo vendré, y pareceré delante de Dios! Fueron mis lágrimas mi pan de día y de noche, Mientras me dicen todos los días: ¿Dónde está tu Dios?

Acordaréme de estas cosas, y derramaré sobre mí mi alma: Cuando pasaré en el número, iré con ellos hasta la casa de Dios, Con voz de alegría y de alabanza, haciendo fiesta la multitud.

¿Por qué te abates, oh alma mía, Y te conturbas en mí? Espera á Dios; porque aun le tengo de alabar Por las saludes de su presencia.

Dios mío, mi alma está en mí abatida: Acordaréme por tanto de ti desde tierra del Jordán, Y de los Hermonitas, desde el monte de Mizhar. Un abismo llama á otro á la voz de tus canales: Todas tus ondas y tus olas han pasado sobre mí.

De día mandará Jehová su misericordia, Y de noche su canción será conmigo, Y oración al Dios de mi vida. Diré á Dios: Roca mía, ¿por qué te has olvidado de mí? ¿Por qué andaré yo enlutado por la opresión del enemigo?

Mientras se están quebrantando mis huesos, mis enemigos me afrentan, Diciéndome cada día: ¿Dónde está tu Dios? ¿Por qué te abates, oh alma mía, Y por qué te conturbas en mí?

Espera á Dios; porque aun le tengo de alabar; Es él salvamento delante de mí, y el Dios mío.

43

JÚZGAME, oh Dios, y aboga mi causa: Líbrame de gente impía, del hombre de engaño é iniquidad.

Pues que tú eres el Dios de mi fortaleza, ¿por qué me has desechado? ¿Por qué andaré enlutado por la opresión del enemigo?

Envía tu luz y tu verdad: éstas me guiarán, Me conducirán al monte de tu santidad, Y á tus tabernáculos. Y entraré al altar de Dios, Al Dios alegría de mi gozo; Y alabaréte con arpa, oh Dios, Dios mío. ¿Por qué te abates, oh alma mía, Y por qué te conturbes en mí?

Espera á Dios; porque aun le tengo de alabar; Es él salvamento delante de mí, y el Dios mío.

44

OH Dios, con nuestros oídos hemos oído, nuestros padres nos han contado, La obra que hiciste en sus días, en los tiempos antiguos.

Tú con tu mano echaste las gentes, y los plantaste á ellos; Afligiste los pueblos, y los arrojaste. Porque no se apoderaron de la tierra por su espada, Ni su brazo los libró; Sino tu diestra, y tu brazo, y la luz de tu rostro, Porque te complaciste en ellos.

Tú, oh Dios, eres mi rey: Manda saludes á Jacob. Por medio de ti sacudiremos á nuestros enemigos: En tu nombre atropellaremos á nuestros adversarios. Porque no confiaré en mi arco, Ni mi espada me salvará. Pues tú nos has guardado de nuestros enemigos, Y has avergonzado á los que nos aborrecían.

En Dios nos gloriaremos todo tiempo, Y para siempre loaremos tu nombre. (Selah.)

Empero nos has desechado, y nos has hecho avergonzar; Y no sales en nuestros ejércitos. Nos hiciste retroceder del enemigo, Y saqueáronnos para sí los que nos aborrecían. Pusístenos como á ovejas para comida, Y esparcístenos entre las gentes. Has vendido tu pueblo de balde, Y no pujaste en sus precios.

Pusístenos por vergüenza á nuestros vecinos, Por escarnio y por burla á los que nos rodean. Pusístenos por proverbio entre las gentes, Por movimiento de cabeza en los pueblos. Cada día mi vergüenza está delante de mí, Y cúbreme la confusión de mi rostro, Por la voz del que me vitupera y deshonra, Por razón del enemigo y del que se venga.

Todo esto nos ha venido, y no nos hemos olvidado de ti; Y no hemos faltado á tu pacto. No se ha vuelto atrás nuestro corazón, Ni tampoco se han apartado nuestros pasos de tus caminos. Cuando nos quebrantaste en el lugar de los dragones, Y nos cubriste con sombra de muerte, Si nos hubiésemos olvidado del nombre de nuestro Dios, Ó alzado nuestras manos á dios ajeno, ¿No demandaría Dios esto?

Porque él conoce los secretos del corazón. Empero por tu causa nos matan cada día; Somos tenidos como ovejas para el matadero. Despierta; ¿por qué duermes, Señor?

Despierta, no te alejes para siempre. ¿Por qué escondes tu rostro, Y te olvidas de nuestra aflicción, y de la opresión nuestra? Porque nuestra alma está agobiada hasta el polvo: Nuestro vientre está pegado con la tierra.
Levántate para ayudarnos, Y redímenos por tu misericordia.

45

REBOSA mi corazón palabra buena: Refiero yo al Rey mis obras: Mi lengua es pluma de escribiente muy ligero.
Haste hermoseado más que los hijos de los hombres; La gracia se derramó en tus labios: Por tanto Dios te ha bendecido para siempre. Cíñete tu espada sobre el muslo, oh valiente, Con tu gloria y con tu majestad. Y en tu gloria sé prosperado: Cabalga sobre palabra de verdad, y de humildad, y de justicia; Y tu diestra te enseñará cosas terribles.
Tus saetas agudas Con que caerán pueblos debajo de ti, Penetrarán en el corazón de los enemigos del Rey. Tu trono, oh Dios, eterno y para siempre: Vara de justicia la vara de tu reino. Amaste la justicia y aborreciste la maldad: Por tanto te ungió Dios, el Dios tuyo, Con óleo de gozo sobre tus compañeros. Mirra, áloe, y casia exhalan todos tus vestidos: En estancias de marfil te han recreado.
Hijas de reyes entre tus ilustres: Está la reina á tu diestra con oro de Ophir. Oye, hija, y mira, é inclina tu oído; Y olvida tu pueblo, y la casa de tu padre; Y deseará el rey tu hermosura: É inclínate á él, porque él es tu Señor. Y las hijas de Tiro vendrán con presente; Implorarán tu favor los ricos del pueblo.
Toda ilustre es de dentro la hija del rey: De brocado de oro es su vestido. Con vestidos bordados será llevada al rey; Vírgenes en pos de ella: Sus compañeras serán traídas á ti. Serán traídas con alegría y gozo: Entrarán en el palacio del rey. En lugar de tus padres serán tus hijos, Á quienes harás príncipes en toda la tierra.
Haré perpetua la memoria de tu nombre en todas las generaciones: Por lo cual te alabarán los pueblos eternamente y para siempre.

46

DIOS es nuestro amparo y fortaleza, Nuestro pronto auxilio en las tribulaciones.
Por tanto no temeremos aunque la tierra sea removida; Aunque se traspasen los montes al corazón de la mar. Bramarán, turbaránse sus aguas; Temblarán los montes á causa de su braveza. (Selah.)
Del río sus conductos alegrarán la ciudad de Dios, El santuario de las tiendas del Altísimo. Dios está en medio de ella; no será conmovida:

Dios la ayudará al clarear la mañana. Bramaron las gentes, titubearon los reinos; Dió él su voz, derritióse la tierra. Jehová de los ejércitos es con nosotros; Nuestro refugio es el Dios de Jacob. (Selah.)

Venid, ved las obras de Jehová, Que ha puesto asolamientos en la tierra. Que hace cesar las guerras hasta los fines de la tierra: Que quiebra el arco, corta la lanza, Y quema los carros en el fuego.

Estad quietos, y conoced que yo soy Dios: Ensalzado he de ser entre las gentes, ensalzado seré en la tierra. Jehová de los ejércitos es con nosotros; Nuestro refugio es el Dios de Jacob. (Selah.)

47

PUEBLOS todos, batid las manos; Aclamad á Dios con voz de júbilo.

Porque Jehová el Altísimo es terrible; Rey grande sobre toda la tierra. Él sujetará á los pueblos debajo de nosotros, Y á las gentes debajo de nuestros pies. Él nos elegirá nuestras heredades; La hermosura de Jacob, al cual amó. (Selah.)

Subió Dios con júbilo, Jehová con sonido de trompeta. Cantad á Dios, cantad: Cantad á nuestro Rey, cantad. Porque Dios es el Rey de toda la tierra: Cantad con inteligencia. Reinó Dios sobre las gentes: Asentóse Dios sobre su santo trono.

Los príncipes de los pueblos se juntaron Al pueblo del Dios de Abraham: Porque de Dios son los escudos de la tierra; Él es muy ensalzado.

48

GRANDE es Jehová y digno de ser en gran manera alabado, En la ciudad de nuestro Dios, en el monte de su santuario.

Hermosa provincia, el gozo de toda la tierra Es el monte de Sión, á los lados del aquilón, La ciudad del gran Rey. Dios en sus palacios es conocido por refugio. Porque he aquí los reyes de la tierra se reunieron; Pasaron todos. Y viéndola ellos así, maravilláronse, Se turbaron, diéronse priesa á huir. Tomólos allí temblor; Dolor, como á mujer que pare. Con viento solano Quiebras tú las naves de Tharsis. Como lo oímos, así hemos visto En la ciudad de Jehová de los ejércitos, en la ciudad de nuestro Dios: Afirmarála Dios para siempre. (Selah.)

Esperamos tu misericordia, oh Dios, En medio de tu templo. Conforme á tu nombre, oh Dios, Así es tu loor hasta los fines de la tierra: De justicia está llena tu diestra. Alegraráse el monte de Sión; Se gozarán las hijas de Judá Por tus juicios. Andad alrededor de Sión, y rodeadla: Contad sus torres.

Poned vuestro corazón á su antemuro, Mirad sus palacios; Para que lo contéis á la generación venidera. Porque este Dios es Dios nuestro eternalmente y para siempre: Él nos capitaneará hasta la muerte.

49

OÍD esto, pueblos todos; Escuchad, habitadores todos del mundo: Así los plebeyos como los nobles, El rico y el pobre juntamente. Mi boca hablará sabiduría; Y el pensamiento de mi corazón inteligencia. Acomodaré á ejemplos mi oído: Declararé con el arpa mi enigma. ¿Por qué he de temer en los días de adversidad, Cuando la iniquidad de mis insidiadores me cercare?

Los que confían en sus haciendas, Y en la muchedumbre de sus riquezas se jactan, Ninguno de ellos podrá en manera alguna redimir al hermano, Ni dar á Dios su rescate. (Porque la redención de su vida es de gran precio, Y no se hará jamás;)

Que viva adelante para siempre, Y nunca vea la sepultura. Pues se ve que mueren los sabios, Así como el insensato y el necio perecen, Y dejan á otros sus riquezas. En su interior tienen que sus casas serán eternas, Y sus habitaciones para generación y generación: Llamaron sus tierras de sus nombres.

Mas el hombre no permanecerá en honra: Es semejante á las bestias que perecen. Este su camino es su locura: Con todo, corren sus descendientes por el dicho de ellos. (Selah.)

Como rebaños serán puestos en la sepultura; La muerte se cebará en ellos; Y los rectos se enseñorearán de ellos por la mañana: Y se consumirá su bien parecer en el sepulcro de su morada.

Empero Dios redimirá mi vida del poder de la sepultura, Cuando me tomará. (Selah.)

No temas cuando se enriquece alguno, Cuando aumenta la gloria de su casa; Porque en muriendo no llevará nada, Ni descenderá tras él su gloria. Si bien mientras viviere, dirá dichosa á su alma: Y tú serás loado cuando bien te tratares.

Entrará á la generación de sus padres: No verán luz para siempre. El hombre en honra que no entiende, Semejante es á las bestias que perecen.

50

EL Dios de dioses, Jehová, ha hablado, Y convocado la tierra desde el nacimiento del sol hasta donde se pone.

De Sión, perfección de hermosura, Ha Dios resplandecido. Vendrá nuestro Dios, y no callará: Fuego consumirá delante de él, Y en derredor suyo habrá tempestad grande. Convocará á los cielos de arriba, Y á la tierra, para juzgar á su pueblo. Juntadme mis santos; Los que hicieron conmigo pacto con sacrificio. Y denunciarán los cielos su justicia; Porque Dios es el juez. (Selah.)

Oye, pueblo mío, y hablaré: Escucha, Israel, y testificaré contra ti: Yo soy Dios, el Dios tuyo. No te reprenderé sobre tus sacrificios, Ni por tus holocaustos, que delante de mí están siempre. No tomaré de tu casa becerros, Ni machos cabríos de tus apriscos. Porque mía es toda bestia del bosque, Y los millares de animales en los collados. Conozco todas las aves de los montes, Y en mi poder están las fieras del campo. Si yo tuviese hambre, no te lo diría á ti: Porque mío es el mundo y su plenitud. ¿Tengo de comer yo carne de toros, Ó de beber sangre de machos cabríos?

Sacrifica á Dios alabanza, Y paga tus votos al Altísimo. É invócame en el día de la angustia: Te libraré, y tú me honrarás. Pero al malo dijo Dios: ¿Qué tienes tú que enarrar mis leyes, Y que tomar mi pacto en tu boca, Pues que tú aborreces el castigo, Y echas á tu espalda mis palabras? Si veías al ladrón, tú corrías con él; Y con los adúlteros era tu parte. Tu boca metías en mal, Y tu lengua componía engaño. Tomabas asiento, y hablabas contra tu hermano: Contra el hijo de tu madre ponías infamia. Estas cosas hiciste, y yo he callado: Pensabas que de cierto sería yo como tú: Yo te argüiré, y pondré las delante de tus ojos.

Entended ahora esto, los que os olvidáis de Dios; No sea que arrebate, sin que nadie libre. El que sacrifica alabanza me honrará: Y al que ordenare su camino, Le mostraré la salud de Dios.

51

TEN piedad de mí, oh Dios, conforme á tu misericordia: Conforme á la multitud de tus piedades borra mis rebeliones.

Lávame más y más de mi maldad, Y límpiame de mi pecado. Porque yo reconozco mis rebeliones; Y mi pecado está siempre delante de mí. Á ti, á ti solo he pecado, Y he hecho lo malo delante de tus ojos: Porque seas reconocido justo en tu palabra, Y tenido por puro en tu juicio.

He aquí, en maldad he sido formado, Y en pecado me concibió mi madre. He aquí, tú amas la verdad en lo íntimo: Y en lo secreto me has hecho comprender sabiduría.

Purifícame con hisopo, y será limpio: Lávame, y seré emblanquecido más que la nieve. Hazme oír gozo y alegría; Y se recrearán los huesos que has abatido. Esconde tu rostro de mis pecados, Y borra todas mis maldades.

Crea en mí, oh Dios, un corazón limpio; Y renueva un espíritu recto dentro de mí. No me eches de delante de ti; Y no quites de mí tu santo espíritu. Vuélveme el gozo de tu salud; Y el espíritu libre me sustente.

Enseñaré á los prevaricadores tus caminos; Y los pecadores se convertirán á ti. Líbrame de homicidios, oh Dios, Dios de mi salud:

Cantará mi lengua tu justicia. Señor, abre mis labios; Y publicará mi boca tu alabanza.

Porque no quieres tú sacrificio, que yo daría; No quieres holocausto.

Los sacrificios de Dios son el espíritu quebrantado: Al corazón contrito y humillado no despreciarás tú, oh Dios.

Haz bien con tu benevolencia á Sión: Edifica los muros de Jerusalem.

Entonces te agradarán los sacrificios de justicia, el holocausto ú ofrenda del todo quemada: Entonces ofrecerán sobre tu altar becerros.

52

¿POR qué te glorías de maldad, oh poderoso? La misericordia de Dios es continua.

Agravios maquina tu lengua: Como navaja amolada hace engaño. Amaste el mal más que el bien; La mentira más que hablar justicia. (Selah.)

Has amado toda suerte de palabras perniciosas, Engañosa lengua. Por tanto Dios te derribará para siempre: Te asolará y te arrancará de tu morada, Y te desarraigará de la tierra de los vivientes. (Selah.)

Y verán los justos, y temerán; Y reiránse de él, diciendo: He aquí el hombre que no puso á Dios por su fortaleza, Sino que confió en la multitud de sus riquezas. Y se mantuvo en su maldad. Mas yo estoy como oliva verde en la casa de Dios: En la misericordia de Dios confío perpetua y eternalmente.

Te alabaré para siempre por lo que has hecho: Y esperaré en tu nombre, porque   es   bueno,   delante   de   tus   santos.

53

DIJO el necio en su corazón: No hay Dios.

Corrompiéronse é hicieron abominable maldad: No hay quien haga bien. Dios desde los cielos miró sobre los hijos de los hombres, Por ver si hay algún entendido Que busque á Dios.

Cada uno se había vuelto atrás; todos se habían corrompido: No hay quien haga bien, no hay ni aun uno. ¿No tienen conocimiento todos esos que obran iniquidad? Que comen á mi pueblo como si comiesen pan: Á Dios no han invocado. Allí se sobresaltaron de pavor donde no había miedo: Porque Dios ha esparcido los huesos del que asentó campo contra ti: Los avergonzaste, porque Dios los desechó.

¡Oh quién diese de Sión saludes á Israel! En volviendo Dios la cautividad de su pueblo, Gozarse ha Jacob, y alegraráse Israel.

54

OH Dios, sálvame por tu nombre, Y con tu poder defiéndeme. Oh Dios, oye mi oración; Escucha las razones de mi boca.

Porque extraños se han levantado contra mí, Y fuertes buscan mi alma: No han puesto á Dios delante de sí. (Selah.)

He aquí, Dios es el que me ayuda; El Señor es con los que sostienen mi vida.

Él volverá el mal á mis enemigos: Córtalos por tu verdad. Voluntariamente sacrificaré á ti; Alabaré tu nombre, oh Jehová, porque es bueno. Porque me ha librado de toda angustia, Y en mis enemigos vieron mis ojos mi deseo.

55

ESCUCHA, oh Dios, mi oración, Y no te escondas de mi súplica.

Estáme atento, y respóndeme: Clamo en mi oración, y levanto el grito, Á causa de la voz del enemigo, Por la opresión del impío; Porque echaron sobre mí iniquidad, Y con furor me han amenazado.

Mi corazón está doloroso dentro de mí, Y terrores de muerte sobre mí han caído. Temor y temblor vinieron sobre mí, Y terror me ha cubierto. Y dije: ¡Quién me diese alas como de paloma! Volaría yo, y descansaría. Ciertamente huiría lejos: Moraría en el desierto. (Selah.)

Apresuraríame á escapar Del viento tempestuoso, de la tempestad. Deshace, oh Señor, divide la lengua de ellos; Porque he visto violencia y rencilla en la ciudad. Día y noche la rodean sobre sus muros; É iniquidad y trabajo hay en medio de ella. Agravios hay en medio de ella, Y el fraude y engaño no se apartan de sus plazas.

Porque no me afrentó un enemigo, Lo cual habría soportado; Ni se alzó contra mí el que me aborrecía, Porque me hubiera ocultado de él: Mas tú, hombre, al parecer íntimo mío, Mi guía, y mi familiar: Que juntos comunicábamos dulcemente los secretos, Á la casa de Dios andábamos en compañía.

Condenados sean á muerte, Desciendan vivos al infierno: Porque maldades hay en su compañía, entre ellos. Yo á Dios clamaré; Y Jehová me salvará.

Tarde y mañana y á medio día oraré y clamaré; Y él oirá mi voz. Él ha redimido en paz mi alma de la guerra contra mí; Pues fueron contra mí muchos. Dios oirá, y los quebrantará luego, El que desde la antigüedad permanece (Selah);

Por cuanto no se mudan, Ni temen á Dios. Extendió sus manos contra sus pacíficos: Violó su pacto. Ablandan más que manteca su boca, Pero guerra hay en su corazón: Suavizan sus palabras más que el aceite, Mas ellas son cuchillos.

Echa sobre Jehová tu carga, y él te sustentará; No dejará para siempre caído al justo. Mas tú, oh Dios, harás descender aquéllos al pozo de la sepultura: Los hombres sanguinarios y engañadores no demediarán sus días: Empero yo confiaré en ti.

56

TEN misericordia de mí, oh Dios, porque me devoraría el hombre: Me oprime combatiéndome cada día.
Apúranme mis enemigos cada día; Porque muchos son los que pelean contra mí, oh Altísimo.
En el día que temo, Yo en ti confío. En Dios alabaré su palabra: En Dios he confiado, no temeré Lo que la carne me hiciere. Todos los días me contristan mis negocios; Contra mí son todos sus pensamientos para mal. Reúnense, escóndense, Miran ellos atentamente mis pasos, Esperando mi vida. ¿Escaparán ellos por la iniquidad?
Oh Dios, derriba en tu furor los pueblos. Mis huídas has tú contado: Pon mis lágrimas en tu redoma: ¿No están ellas en tu libro? Serán luego vueltos atrás mis enemigos el día que yo clamare: En esto conozco que Dios es por mí. En Dios alabaré su palabra; En Jehová alabaré su palabra. En Dios he confiado: no temeré Lo que me hará el hombre.
Sobre mí, oh Dios, están tus votos: Te tributaré alabanzas. Porque has librado mi vida de la muerte, Y mis pies de caída, Para que ande delante de Dios En la luz de los que viven.

57

TEN misericordia de mí, oh Dios, ten misericordia de mí; Porque en ti ha confiado mi alma, Y en la sombra de tus alas me ampararé, Hasta que pasen los quebrantos.
Clamaré al Dios Altísimo, Al Dios que me favorece. Él enviará desde los cielos, y me salvará De la infamia del que me apura; (Selah)
Dios enviará su misericordia y su verdad. Mi vida está entre leones; Estoy echado entre hijos de hombres encendidos: Sus dientes son lanzas y saetas, Y su lengua cuchillo agudo.
Ensálzate sobre los cielos, oh Dios; Sobre toda la tierra tu gloria. Red han armado á mis pasos; Hase abatido mi alma: Hoyo han cavado delante de mí; En medio de él han caído. (Selah.)
Pronto está mi corazón, oh Dios, mi corazón está dispuesto: Cantaré, y trovaré salmos. Despierta, oh gloria mía; despierta, salterio y arpa: Levantaréme de mañana. Alabarte he en los pueblos, oh Señor; Cantaré de ti en las naciones. Porque grande es hasta los cielos tu misericordia, Y hasta las nubes tu verdad.
Ensálzate sobre los cielos, oh Dios; Sobre toda la tierra tu gloria.

OH congregación, ¿pronunciáis en verdad justicia? ¿Juzgáis rectamente, hijos de los hombres? Antes con el corazón obráis iniquidades: Hacéis pesar la violencia de vuestras manos en la tierra.

Enajenáronse los impíos desde la matriz; Descarriáronse desde el vientre, hablando mentira. Veneno tienen semejante al veneno de la serpiente: Son como áspide sordo que cierra su oído; Que no oye la voz de los que encantan, Por más hábil que el encantador sea.

Oh Dios, quiebra sus dientes en sus bocas: Quiebra, oh Jehová, las muelas de los leoncillos. Córranse como aguas que se van de suyo: En entesando sus saetas, luego sean hechas pedazos.

Pasen ellos como el caracol que se deslíe: Como el abortivo de mujer, no vean el sol. Antes que vuestras ollas sientan las espinas, Así vivos, así airados, los arrebatará él con tempestad.

Alegraráse el justo cuando viere la venganza: Sus pies lavará en la sangre del impío.

Entonces dirá el hombre: Ciertamente hay fruto para el justo; Ciertamente hay Dios que juzga en la tierra.

59

LÍBRAME de mis enemigos, oh Dios mío: Ponme en salvo de los que contra mí se levantan.

Líbrame de los que obran iniquidad, Y sálvame de hombres sanguinarios. Porque he aquí están acechando mi vida: Hanse juntado contra mí fuertes, No por falta mía, ni pecado mío, oh Jehová. Sin delito mío corren y se aperciben: Despierta para venir á mi encuentro, y mira.

Y tú, Jehová Dios de los ejércitos, Dios de Israel, Despierta para visitar todas las gentes: No hayas misericordia de todos los que se rebelan con iniquidad. (Selah.)

Volvéránse á la tarde, ladrarán como perros, Y rodearán la ciudad. He aquí proferirán con su boca; Cuchillos están en sus labios, Porque dicen: ¿Quién oye?

Mas tú, Jehová, te reirás de ellos, Te burlarás de todas las gentes. De su fuerza esperaré yo en ti: Porque Dios es mi defensa. El Dios de mi misericordia me prevendrá: Dios me hará ver en mis enemigos mi deseo. No los matarás, porque mi pueblo no se olvide: Hazlos vagar con tu fortaleza, y abátelos.

Oh Jehová, escudo nuestro, Por el pecado de su boca, por la palabra de sus labios; Y sean presos por su soberbia, Y por la maldición y mentira que profieren. Acábalos con furor, acábalos, y no sean: Y sepan que Dios domina en Jacob Hasta los fines de la tierra. (Selah).

Vuelvan pues á la tarde, y ladren como perros, Y rodeen la ciudad. Anden ellos errantes para hallar qué comer: Y si no se saciaren, murmuren. Yo empero cantaré tu fortaleza, Y loaré de mañana tu misericordia: Porque has sido mi amparo Y refugio en el día de mi angustia.

Fortaleza mía, á ti cantaré; Porque eres Dios de mi amparo, Dios de mi misericordia.

60

OH Dios, tú nos has desechado, nos disipaste; Te has airado: vuélvete á nosotros.

Hiciste temblar la tierra, abrístela: Sana sus quiebras, porque titubea.

Has hecho ver á tu pueblo duras cosas: Hicístenos beber el vino de agitación. Has dado á los que te temen bandera Que alcen por la verdad. (Selah.)

Para que se libren tus amados, Salva con tu diestra, y óyeme. Dios pronunció por su santuario; yo me alegraré; Partiré á Sichêm, y mediré el valle de Succoth. Mío es Galaad, y mío es Manasés; Y Ephraim es la fortaleza de mi cabeza; Judá, mi legislador; Moab, la vasija de mi lavatorio; Sobre Edom echaré mi zapato: Haz júbilo sobre mí, oh Palestina.

¿Quién me llevará á la ciudad fortalecida? ¿Quién me llevará hasta Idumea? Ciertamente, tú, oh Dios, que nos habías desechado; Y no salías, oh Dios, con nuestros ejércitos. Danos socorro contra el enemigo, Que vana es la salud de los hombres.

En Dios haremos proezas; Y él hollará nuestros enemigos.

61

OYE, oh Dios, mi clamor; Á mi oración atiende.

Desde el cabo de la tierra clamaré á ti, cuando mi corazón desmayare: Á la peña más alta que yo me conduzcas. Porque tú has sido mi refugio, Y torre de fortaleza delante del enemigo.

Yo habitaré en tu tabernáculo para siempre: Estaré seguro bajo la cubierta de tus alas. Porque tú, oh Dios, has oído mis votos, Has dado heredad á los que temen tu nombre.

Días sobre días añadirás al rey: Sus años serán como generación y generación. Estará para siempre delante de Dios: Misericordia y verdad prepara que lo conserven.

Así cantaré tu nombre para siempre, Pagando mis votos cada día.

62

EN Dios solamente está callada mi alma: De él viene mi salud.

Él solamente es mi fuerte, y mi salud; Es mi refugio, no resbalaré mucho. ¿Hasta cuándo maquinaréis contra un hombre? Pereceréis todos vosotros, Caeréis como pared acostada, como cerca ruinosa. Solamente consultan de arrojarle de su grandeza; Aman la mentira, Con su boca bendicen, pero maldicen en sus entrañas. (Selah.)

Alma mía, en Dios solamente reposa; Porque de él es mi esperanza. Él solamente es mi fuerte y mi salud: Es mi refugio, no resbalaré. En Dios está mi salvación y mi gloria: En Dios está la roca de mi fortaleza, y mi refugio. Esperad en él en todo tiempo, oh pueblos; Derramad delante de él vuestro corazón: Dios es nuestro amparo. (Selah.)

Por cierto, vanidad son los hijos de los hombres, mentira los hijos de varón: Pesándolos á todos igualmente en la balanza, Serán menos que la vanidad. No confiéis en la violencia, Ni en la rapiña; no os envanezcáis: Si se aumentare la hacienda, no pongáis el corazón en ella.

Una vez habló Dios; Dos veces he oído esto: Que de Dios es la fortaleza. Y de ti, oh Señor, es la misericordia: Porque tú pagas á cada uno conforme á su obra.

63

DIOS, Dios mío eres tú: levantaréme á ti de mañana: Mi alma tiene sed de ti, mi carne te desea, En tierra de sequedad y transida sin aguas; Para ver tu fortaleza y tu gloria, Así como te he mirado en el santuario.

Porque mejor es tu misericordia que la vida: Mis labios te alabarán. Así te bendeciré en mi vida: En tu nombre alzaré mis manos. Como de meollo y de grosura será saciada mi alma; Y con labios de júbilo te alabará mi boca, Cuando me acordaré de ti en mi lecho, Cuando meditaré de ti en las velas de la noche.

Porque has sido mi socorro; Y así en la sombra de tus alas me regocijaré. Está mi alma apegada á ti: Tu diestra me ha sostenido. Mas los que para destrucción buscaron mi alma, Caerán en los sitios bajos de la tierra. Destruiránlos á filo de espada; Serán porción de las zorras.

Empero el rey se alegrará en Dios; Será alabado cualquiera que por él jura: Porque la boca de los que hablan mentira, será cerrada.

64

ESCUCHA, oh Dios, mi voz en mi oración: Guarda mi vida del miedo del enemigo.

Escóndeme del secreto consejo de los malignos; De la conspiración de los que obran iniquidad: Que amolaron su lengua como cuchillo, Y armaron por su saeta palabra amarga; Para asaetear á escondidas al íntegro: De improviso lo asaetean, y no temen. Obstinados en su inicuo designio, Tratan de esconder los lazos, Y dicen: ¿Quién los ha de ver? Inquieren iniquidades, hacen una investigación exacta; Y el íntimo pensamiento de cada uno de ellos, así como el corazón, es profundo.

Mas Dios los herirá con saeta; De repente serán sus plagas. Y harán caer sobre sí sus mismas lenguas: Se espantarán todos los que los vieren. Y temerán todos los hombres, Y anunciarán la obra de Dios, Y entenderán su hecho.

Alegraráse el justo en Jehová, y confiaráse en él; Y se gloriarán todos los rectos de corazón.

65

Á TI es plácida la alabanza en Sión, oh Dios: Y á ti se pagarán los votos.

Tú oyes la oración: Á ti vendrá toda carne. Palabras de iniquidades me sobrepujaron: Mas nuestras rebeliones tú las perdonarás. Dichoso el que tú escogieres, é hicieres llegar á ti, Para que habite en tus atrios: Seremos saciados del bien de tu casa, De tu santo templo.

Con tremendas cosas, en justicia, nos responderás tú, Oh Dios de nuestra salud, Esperanza de todos los términos de la tierra, Y de los más remotos confines de la mar.

Tú, el que afirma los montes con su potencia, Ceñido de valentía: El que amansa el estruendo de los mares, el estruendo de sus ondas, Y el alboroto de las gentes. Por tanto los habitadores de los fines de la tierra temen de tus maravillas.

Tú haces alegrar las salidas de la mañana y de la tarde. Visitas la tierra, y la riegas: En gran manera la enriqueces Con el río de Dios, lleno de aguas: Preparas el grano de ellos, cuando así la dispones. Haces se empapen sus surcos, Haces descender sus canales: Ablándasla con lluvias, Bendices sus renuevos. Tú coronas el año de tus bienes; Y tus nubes destilan grosura. Destilan sobre las estancias del desierto; Y los collados se ciñen de alegría.

Vístense los llanos de manadas, Y los valles se cubren de grano: Dan voces de júbilo, y aun cantan.

66

ACLAMAD á Dios con alegría, toda la tierra:

Cantad la gloria de su nombre: Poned gloria en su alabanza. Decid á Dios: ¡Cuán terribles tus obras! Por lo grande de tu fortaleza te mentirán tus enemigos. Toda la tierra te adorará, Y cantará á ti; Cantarán á tu nombre. (Selah.)

Venid, y ved las obras de Dios, Terrible en hechos sobre los hijos de los hombres. Volvió la mar en seco; Por el río pasaron á pie; Allí en él nos alegramos. Él se enseñorea con su fortaleza para siempre: Sus ojos atalayan sobre las gentes: Los rebeldes no serán ensalzados. (Selah.)

Bendecid, pueblos, á nuestro Dios, Y haced oír la voz de su alabanza. Él es el que puso nuestra alma en vida, Y no permitió que nuestros pies resbalasen. Porque tú nos probaste, oh Dios: Ensayástenos como se afina la plata. Nos metiste en la red; Pusiste apretura en nuestros lomos. Hombres hiciste subir sobre nuestra cabeza; Entramos en fuego y en aguas, Y sacástenos á hartura. Entraré en tu casa con holocaustos: Te pagaré mis votos, Que pronunciaron mis labios, Y habló mi boca, cuando angustiado estaba. Holocaustos de cebados te ofreceré, Con perfume de carneros: Sacrificaré bueyes y machos cabríos. (Selah.)

Venid, oíd todos los que teméis á Dios, Y contaré lo que ha hecho á mi alma. Á él clamé con mi boca, Y ensalzado fué con mi lengua. Si en mi corazón hubiese yo mirado á la iniquidad, El Señor no me oyera. Mas ciertamente me oyó Dios; Antendió á la voz de mi súplica.

Bendito Dios, Que no echó de sí mi oración, ni de mí su misericordia.

67

DIOS tenga misericordia de nosotros, y nos bendiga; Haga resplandecer su rostro sobre nosotros (Selah);

Para que sea conocido en la tierra tu camino, En todas las gentes tu salud. Alábente los pueblos, oh Dios; Alábente los pueblos todos. Alégrense y gócense las gentes; Porque juzgarás los pueblos con equidad, Y pastorearás las naciones en la tierra. (Selah.)

Alábente los pueblos, oh Dios: Todos los pueblos te alaben. La tierra dará su fruto: Nos bendecirá Dios, el Dios nuestro.

Bendíganos Dios, Y témanlo todos los fines de la tierra.

68

LEVÁNTESE Dios, sean esparcidos sus enemigos, Y huyan de su presencia los que le aborrecen.

Como es lanzado el humo, los lanzarás: Como se derrite la cera delante del fuego, Así perecerán los impíos delante de Dios. Mas los justos se alegrarán: gozarse han delante de Dios, Y saltarán de alegría. Cantad á Dios, cantad salmos á su nombre: Ensalzad al que sube sobre los cielos En JAH su nombre, y alegraos delante de él. Padre de huérfanos y defensor de viudas, Es Dios en la morada de su santuario: El Dios que hace habitar en familia los solos; Que saca á los aprisionados con grillos: Mas los rebeldes habitan en sequedad. Oh Dios, cuando tú saliste delante de tu pueblo, Cuando anduviste por el desierto, (Selah,)

La tierra tembló; También destilaron los cielos á la presencia de Dios: Aquel Sinaí tembló delante de Dios, del Dios de Israel. Abundante lluvia esparciste, oh Dios, á tu heredad; Y cuando se cansó, tú la recreaste. Los que son de tu grey han morado en ella: Por tu bondad, oh

Dios, has provisto al pobre.

El Señor daba palabra: De las evangelizantes había grande ejército.
Huyeron, huyeron reyes de ejércitos; Y las que se quedaban en casa
partían los despojos. Bien que fuisteis echados entre los tiestos, Seréis
como las alas de la paloma cubierta de plata, Y sus plumas con
amarillez de oro.

Cuando esparció el Omnipotente los reyes en ella, Emblanquecióse ésta
como la nieve en Salmón. Monte de Dios es el monte de Basán; Monte
alto el de Basán. ¿Por qué os levantáis, oh montes altos? Este monte
amó Dios para su asiento; Ciertamente Jehová habitará en él para
siempre.

Los carros de Dios son veinte mil, y más millares de ángeles. El Señor
entre ellos, como en Sinaí, así en el santuario. Subiste á lo alto,
cautivaste la cautividad, Tomaste dones para los hombres, Y también
para los rebeldes, para que habite entre ellos JAH Dios. Bendito el
Señor; cada día nos colma de beneficios El Dios de nuestra salud.
(Selah.)

Dios, nuestro Dios ha de salvarnos; Y de Dios Jehová es el librar de la
muerte. Ciertamente Dios herirá la cabeza de sus enemigos, La
cabelluda mollera del que camina en sus pecados. El Señor dijo: De
Basán haré volver, Te haré volver de los profundos de la mar: Porque tu
pie se enrojecerá de sangre de tus enemigos, Y de ella la lengua de tus
perros.

Vieron tus caminos, oh Dios; Los caminos de mi Dios, de mi Rey, en el
santuario. Los cantores iban delante, los tañedores detrás; En medio, las
doncellas, con adufes.

Bendecid á Dios en congregaciones: Al Señor, vosotros de la estirpe de
Israel. Allí estaba el joven Benjamín señoreador de ellos, Los príncipes
de Judá en su congregación, Los príncipes de Zabulón, los príncipes de
Nephtalí. Tu Dios ha ordenado tu fuerza; Confirma, oh Dios, lo que has
obrado en nosotros.

Por razón de tu templo en Jerusalem Los reyes te ofrecerán dones.
Reprime la reunión de gentes armadas, La multitud de toros con los
becerros de los pueblos, Hasta que todos se sometan con sus piezas de
plata: Disipa los pueblos que se complacen en la guerra. Vendrán
príncipes de Egipto; Etiopía apresurará sus manos á Dios. Reinos de la
tierra, cantad á Dios, Cantad al Señor (Selah);

Al que cabalga sobre los cielos de los cielos que son de antiguo: He
aquí á su voz dará voz de fortaleza. Atribuid fortaleza á Dios: Sobre
Israel es su magnificencia, Y su poder está en los cielos.

Terrible eres, oh Dios, desde tus santuarios: El Dios de Israel, él da
fortaleza y vigor á su pueblo. Bendito Dios.

69

SÁLVAME, oh Dios, Porque las aguas han entrado hasta el alma. Estoy hundido en cieno profundo, donde no hay pie: He venido á abismos de aguas, y la corriente me ha anegado. Cansado estoy de llamar; mi garganta se ha enronquecido; Han desfallecido mis ojos esperando á mi Dios. Hanse aumentado más que los cabellos de mi cabeza los que me aborrecen sin causa; Hanse fortalecido mis enemigos, los que me destruyen sin por qué: He venido pues á pagar lo que no he tomado.

Dios, tú sabes mi locura; Y mis delitos no te son ocultos. No sean avergonzados por mi causa los que te esperan, oh Señor Jehová de los ejércitos; No sean confusos por mí los que te buscan, oh Dios de Israel.

Porque por amor de ti he sufrido afrenta; Confusión ha cubierto mi rostro. He sido extrañado de mis hermanos, Y extraño á los hijos de mi madre. Porque me consumió el celo de tu casa; Y los denuestos de los que te vituperaban, cayeron sobre mí. Y lloré afligiendo con ayuno mi alma; Y esto me ha sido l por afrenta.

Puse además saco por mi vestido; Y vine á serles por proverbio. Hablaban contra mí los que se sentaban á la puerta, Y me zaherían en las canciones de los bebederos de sidra. Empero yo enderezaba mi oración á ti, oh Jehová, al tiempo de tu buena voluntad: Oh Dios, por la multitud de tu misericordia, Por la verdad de tu salud, óyeme. Sácame del lodo, y no sea yo sumergido: Sea yo libertado de los que me aborrecen, y del profundo de las aguas. No me anegue el ímpetu de las aguas, Ni me suerba la hondura, Ni el pozo cierre sobre mí su boca.

Óyeme, Jehová, porque apacible es tu misericordia; Mírame conforme á la multitud de tus miseraciones. Y no escondas tu rostro de tu siervo; Porque estoy angustiado; apresúrate, óyeme. Acércate á mi alma, redímela: Líbrame á causa de mis enemigos. Tú sabes mi afrenta, y mi confusión, y mi oprobio: Delante de ti están todos mis enemigos. La afrenta ha quebrantado mi corazón, y estoy acongojado: Y esperé quien se compadeciese de mí, y no lo hubo: Y consoladores, y ninguno hallé.

Pusiéronme además hiel por comida, Y en mi sed me dieron á beber vinagre. Sea su mesa delante de ellos por lazo, Y lo que es para bien por tropiezo. Sean oscurecidos sus ojos para ver, Y haz siempre titubear sus lomos.

Derrama sobre ellos tu ira, Y el furor de tu enojo los alcance. Sea su palacio asolado: En sus tiendas no haya morador. Porque persiguieron al que tú heriste; Y cuentan del dolor de los que tú llagaste.

Pon maldad sobre su maldad, Y no entren en tu justicia. Sean raídos del libro de los vivientes, Y no sean escritos con los justos. Y yo afligido y dolorido, Tu salud, oh Dios, me defenderá.

Alabaré yo el nombre de Dios con cántico, Ensalzarélo con alabanza. Y agradará á Jehová más que sacrificio de buey, Ó becerro que echa cuernos y uñas. Veránlo los humildes, y se gozarán; Buscad á Dios, y vivirá vuestro corazón. Porque Jehová oye á los menesterosos, Y no menosprecia á sus prisioneros.

Alábenlo los cielos y la tierra, Los mares, y todo lo que se mueve en ellos. Porque Dios guardará á Sión, y reedificará las ciudades de Judá; Y habitarán allí, y la poseerán. Y la simiente de sus siervos la heredará, Y los que aman su nombre habitarán en ella.

70

OH Dios, acude á librarme; Apresúrate, oh Dios, á socorrerme.

Sean avergonzados y confusos Los que buscan mi vida; Sean vueltos atrás y avergonzados Los que mi mal desean. Sean vueltos, en pago de su afrenta hecha, Los que dicen: ¡Ah! ¡ah!

Gócense y alégrense en ti todos los que te buscan; Y digan siempre los que aman tu salud: Engrandecido sea Dios.

Yo estoy afligido y menesteroso; Apresúrate á mí, oh Dios: Ayuda mía y mi libertador eres tú; Oh Jehová, no te detengas.

71

EN ti, oh Jehová, he esperado; No sea yo confuso para siempre.

Hazme escapar, y líbrame en tu justicia: Inclina tu oído y sálvame. Séme por peña de estancia, adonde recurra yo continuamente: Mandado has que yo sea salvo; Porque tú eres mi roca, y mi fortaleza. Dios mío, líbrame de la mano del impío, De la mano del perverso y violento.

Porque tú, oh Señor Jehová, eres mi esperanza: Seguridad mía desde mi juventud. Por ti he sido sustentado desde el vientre: De las entrañas de mi madre tú fuiste el que me sacaste: De ti será siempre mi alabanza.

Como prodigio he sido á muchos; Y tú mi refugio fuerte. Sea llena mi boca de tu alabanza, De tu gloria todo el día. No me deseches en el tiempo de la vejez; Cuando mi fuerza se acabare, no me desampares.

Porque mis enemigos han tratado de mí; Y los que acechan mi alma, consultaron juntamente. Diciendo: Dios lo ha dejado: Perseguid y tomadle, porque no hay quien le libre. Oh Dios, no te alejes de mí: Dios mío, acude presto á mi socorro.

Sean avergonzados, fallezcan los adversarios de mi alma; Sean cubiertos de vergüenza y de confusión los que mi mal buscan. Mas yo siempre esperaré, Y añadiré sobre toda tu alabanza.

Mi boca publicará tu justicia Y tu salud todo el día, Aunque no sé el número de ellas. Vendré á las valentías del Señor Jehová: Haré memoria de sola tu justicia. Oh Dios, enseñásteme desde mi mocedad; Y hasta ahora he manifestado tus maravillas. Y aun hasta la vejez y las canas; oh Dios, no me desampares, Hasta que denuncie tu brazo á la posteridad, Tus valentías á todos los que han de venir.

Y tu justicia, oh Dios, hasta lo excelso; Porque has hecho grandes cosas: Oh Dios, ¿quién como tú? Tú, que me has hecho ver muchas angustias y males, Volverás á darme vida, Y de nuevo me levantarás de los abismos de la tierra. Aumentarás mi grandeza, Y volverás á consolarme. Asimismo yo te alabaré con instrumento de salterio, Oh Dios mío: tu verdad cantaré yo á ti en el arpa, Oh Santo de Israel. Mis labios cantarán cuando á ti salmeare, Y mi alma, á la cual redimiste.

Mi lengua hablará también de tu justicia todo el día: Por cuanto fueron avergonzados, porque fueron confusos los que mi mal procuraban.

72

OH Dios, da tus juicios al rey, Y tu justicia al hijo del rey.

Él juzgará tu pueblo con justicia, Y tus afligidos con juicio. Los montes llevarán paz al pueblo, Y los collados justicia. Juzgará los afligidos del pueblo, Salvará los hijos del menesteroso, Y quebrantará al violento. Temerte han mientras duren el sol Y la luna, por generación de generaciones. Descenderá como la lluvia sobre la hierba cortada; Como el rocío que destila sobre la tierra.

Florecerá en sus día justicia, Y muchedumbre de paz, hasta que no haya luna. Y dominará de mar á mar, Y desde el río hasta los cabos de la tierra. Delante de él se postrarán los Etíopes; Y sus enemigos lamerán la tierra. Los reyes de Tharsis y de las islas traerán presentes: Los reyes de Sheba y de Seba ofrecerán dones. Y arrodillarse han á él todos los reyes; Le servirán todas las gentes.

Porque él librará al menesteroso que clamare, Y al afligido que no tuviere quien le socorra. Tendrá misericordia del pobre y del menesteroso, Y salvará las almas de los pobres. De engaño y de violencia redimirá sus almas: Y la sangre de ellos será preciosa en sus ojos.

Y vivirá, y dársele del oro de Seba; Y orárase por él continuamente; Todo el día se le bendecirá. Será echado un puño de grano en tierra, en las cumbres de los montes; Su fruto hará ruido como el Líbano, Y los de la ciudad florecerán como la hierba de la tierra. Será su nombre para siempre,

Perpetuaráse su nombre mientras el sol dure: Y benditas serán en él todas las gentes: Llamarlo han bienaventurado. Bendito Jehová Dios, el Dios de Israel, Que solo hace maravillas.

Y bendito su nombre glorioso para siempre: Y toda la tierra sea llena de su gloria. Amén y Amén.

73

CIERTAMENTE bueno es Dios á Israel, Á los limpios de corazón.
Mas yo, casi se deslizaron mis pies; Por poco resbalaron mis pasos.
Porque tuve envidia de los insensatos, Viendo la prosperidad de los
impíos. Porque no hay ataduras para su muerte; Antes su fortaleza está
entera. No están ellos en el trabajo humano; Ni son azotados con los
otros hombres. Por tanto soberbia los corona: Cúbrense de vestido de
violencia. Sus ojos están salidos de gruesos: Logran con creces los
antojos del corazón.
Soltáronse, y hablan con maldad de hacer violencia; Hablan con
altanería. Ponen en el cielo su boca, Y su lengua pasea la tierra. Por eso
su pueblo vuelve aquí, Y aguas de lleno le son exprimidas. Y dicen:
¿Cómo sabe Dios? ¿Y hay conocimiento en lo alto?
He aquí estos impíos, Sin ser turbados del mundo, alcanzaron riquezas.
Verdaderamente en vano he limpiado mi corazón, Y lavado mis manos
en inocencia; Pues he sido azotado todo el día, Y empezaba mi castigo
por las mañanas.
Si dijera yo, Discurriré de esa suerte; He aquí habría negado la nación
de tus hijos: Pensaré pues para saber esto: Es á mis ojos duro trabajo,
Hasta que venido al santuario de Dios, Entenderé la postrimería de
ellos. Ciertamente los has puesto en deslizaderos; En asolamientos los
harás caer.
¡Cómo han sido asolados! ¡cuán en un punto! Acabáronse, fenecieron
con turbaciones. Como sueño del que despierta, Así, Señor, cuando
despertares, menospreciarás sus apariencias. Desazonóse á la verdad mi
corazón, Y en mis riñones sentía punzadas. Mas yo era ignorante, y no
entendía: Era como una bestia acerca de ti.
Con todo, yo siempre estuve contigo: Trabaste de mi mano derecha.
Hasme guiado según tu consejo, Y después me recibirás en gloria. ¿Á
quién tengo yo en los cielos? Y fuera de ti nada deseo en la tierra. Mi
carne y mi corazón desfallecen: Mas la roca de mi corazón y mi porción
es Dios para siempre. Porque he aquí, los que se alejan de ti perecerán:
Tú cortarás á todo aquel que fornicando, de ti se aparta.
Y en cuanto á mí, el acercarme á Dios es el bien: He puesto en el Señor
Jehová mi esperanza, Para contar todas tus obras.

74

¿POR qué, oh Dios, nos has desechado para siempre? ¿Por qué ha
humeado tu furor contra las ovejas de tu dehesa?
Acuérdate de tu congregación, que adquiriste de antiguo, Cuando

redimiste la vara de tu heredad; Este monte de Sión, donde has habitado. Levanta tus pies á los asolamientos eternos: Á todo enemigo que ha hecho mal en el santuario.

Tus enemigos han bramado en medio de tus sinagogas: Han puesto sus divisas por señas. Cualquiera se hacía famoso según que había levantado El hacha sobre los gruesos maderos. Y ahora con hachas y martillos Han quebrado todas sus entalladuras. Han puesto á fuego tus santuarios, Han profanado el tabernáculo de tu nombre echándolo á tierra.

Dijeron en su corazón: Destruyámoslos de una vez; Han quemado todas las sinagogas de Dios en el tierra. No vemos ya nuestras señales: No hay más profeta; Ni con nosotros hay quien sepa hasta cuándo. ¿Hasta cuándo, oh Dios, el angustiador nos afrentará? ¿Ha de blasfemar el enemigo perpetuamente tu nombre? ¿Por qué retraes tu mano, y tu diestra? ¿Por qué la escondes dentro de tu seno?

Empero Dios es mi rey ya de antiguo; El que obra saludes en medio de la tierra. Tú hendiste la mar con tu fortaleza: Quebrantaste cabezas de ballenas en las aguas. Tú magullaste las cabezas del leviathán; Dístelo por comida al pueblo de los desiertos. Tú abriste fuente y río; Tú secaste ríos impetuosos.

Tuyo es el día, tuya también es la noche: Tú aparejaste la luna y el sol. Tú estableciste todos los términos de la tierra: El verano y el invierno tú los formaste. Acuérdate de esto: que el enemigo ha dicho afrentas á Jehová, Y que el pueblo insensato ha blasfemado tu nombre.

No entregues á las bestias el alma de tu tórtola: Y no olvides para siempre la congregación de tus afligidos. Mira al pacto: Porque las tenebrosidades de la tierra llenas están de habitaciones de violencia. No vuelva avergonzado el abatido: El afligido y el menesteroso alabarán tu nombre.

Levántate, oh Dios, aboga tu causa: Acuérdate de cómo el insensato te injuria cada día. No olvides las voces de tus enemigos: El alboroto de los que se levantan contra ti sube continuamente.

75

ALABARÉMOSTE, oh Dios, alabaremos;

Que cercano está tu nombre: Cuenten tus maravillas. Cuando yo tuviere tiempo, Yo juzgaré rectamente. Arruinábase la tierra y sus moradores: Yo sostengo sus columnas. (Selah.)

Dije á los insensatos: No os infatuéis; Y á los impíos: No levantéis el cuerno: No levantéis en alto vuestro cuerno; No habléis con cerviz erguida. Porque ni de oriente, ni de occidente, Ni del desierto viene el ensalzamiento. Mas Dios es el juez: Á éste abate, y á aquel ensalza.

Porque el cáliz está en la mano de Jehová, y el vino es tinto, Lleno de mistura; y él derrama del mismo: Ciertamente sus heces chuparán y beberán todos los impíos de la tierra.

Mas yo anunciaré siempre, Cantaré alabanzas al Dios de Jacob. Y quebraré todos los cuernos de los pecadores: Los cuernos del justo serán ensalzados.

76

DIOS es conocido en Judá: En Israel es grande su nombre. Y en Salem está su tabernáculo, Y su habitación en Sión.

Allí quebró las saetas del arco, El escudo, y la espada, y tren de guerra. (Selah.)

Ilustre eres tú; fuerte, más que los montes de caza. Los fuertes de corazón fueron despojados, durmieron su sueño; Y nada hallaron en sus manos todos los varones fuertes. Á tu reprensión, oh Dios de Jacob, El carro y el caballo fueron entorpecidos. Tú, terrible eres tú: ¿Y quién parará delante de ti, en comenzando tu ira? Desde los cielos hiciste oír juicio; La tierra tuvo temor y quedó suspensa, Cuando te levantaste, oh Dios, al juicio, Para salvar á todos los mansos de la tierra. (Selah.)

Ciertamente la ira del hombre te acarreará alabanza: Tú reprimirás el resto de las iras.

Prometed, y pagad á Jehová vuestro Dios: Todos los que están alrededor de él, traigan presentes al Terrible. Cortará él el espíritu de los príncipes: Terrible es á los reyes de la tierra.

77

CON mi voz clamé á Dios, Á Dios clamé, y él me escuchará.

Al Señor busqué en el día de mi angustia: Mi mal corría de noche y no cesaba: Mi alma rehusaba consuelo. Acordábame de Dios, y gritaba: 3 Quejábame, y desmayaba mi espíritu. (Selah.)

Tenías los párpados de mis ojos: Estaba yo quebrantado, y no hablaba. Consideraba los días desde el principio, Los años de los siglos. Acordábame de mis canciones de noche; Meditaba con mi corazón, Y mi espíritu inquiría. ¿Desechará el Señor para siempre, Y no volverá más á amar? ¿Hase acabado para siempre su misericordia? ¿Hase acabado la palabra suya para generación y generación? ¿Ha olvidado Dios el tener misericordia? ¿Ha encerrado con ira sus piedades? (Selah.)

Y dije: Enfermedad mía es ésta; Traeré pues á la memoria los años de la diestra del Altísimo. Acordaréme de las obras de JAH: Sí, haré yo memoria de tus maravillas antiguas. Y meditaré en todas tus obras, Y hablaré de tus hechos. Oh Dios, en santidad es tu camino: ¿Qué Dios grande como el Dios nuestro? Tú eres el Dios que hace maravillas: Tú hiciste notoria en los pueblos tu fortaleza. Con tu brazo redimiste á tu pueblo, Á los hijos de Jacob y de José. (Selah.)

Viéronte las aguas, oh Dios; Viéronte las aguas, temieron; Y temblaron los abismos. Las nubes echaron inundaciones de aguas; Tronaron los cielos, Y discurrieron tus rayos. Anduvo en derredor el sonido de tus truenos; Los relámpagos alumbraron el mundo; Estremecióse y tembló la tierra. En la mar fué tu camino, Y tus sendas en las muchas aguas; Y tus pisadas no fueron conocidas.

Condujiste á tu pueblo como ovejas, Por mano de Moisés y de Aarón.

78

ESCUCHA, pueblo mío, mi ley: Inclinad vuestro oído á las palabras de mi boca.

Abriré mi boca en parábola; Hablaré cosas reservadas de antiguo: Las cuales hemos oído y entendido; Que nuestros padres nos las contaron. No las encubriremos á sus hijos, Contando á la generación venidera las alabanzas de Jehová, Y su fortaleza, y sus maravillas que hizo.

Él estableció testimonio en Jacob, Y puso ley en Israel; La cual mandó á nuestros padres Que la notificasen á sus hijos; Para que lo sepa la generación venidera, y los hijos que nacerán; Y los que se levantarán, lo cuenten á sus hijos; Á fin de que pongan en Dios su confianza, Y no se olviden de las obras de Dios, Y guarden sus mandamientos: Y no sean como sus padres, Generación contumaz y rebelde; Generación que no apercibió su corazón, Ni fué fiel para con Dios su espíritu.

Los hijos de Ephraim armados, flecheros, Volvieron las espaldas el día de la batalla. No guardaron el pacto de Dios, Ni quisieron andar en su ley: Antes se olvidaron de sus obras, Y de sus maravillas que les había mostrado. Delante de sus padres hizo maravillas En la tierra de Egipto, en el campo de Zoán.

Rompió la mar, é hízolos pasar; É hizo estar las aguas como en un montón. Y llevólos de día con nube, Y toda la noche con resplandor de fuego. Hendió las peñas en el desierto: Y dióles á beber como de grandes abismos; Pues sacó de la peña corrientes, É hizo descender aguas como ríos.

Empero aun tornaron á pecar contra él, Enojando en la soledad al Altísimo. Pues tentaron á Dios en su corazón, Pidiendo comida á su gusto. Y hablaron contra Dios, Diciendo: ¿Podrá poner mesa en el desierto? He aquí ha herido la peña, y corrieron aguas, Y arroyos salieron ondeando: ¿Podrá también dar pan? ¿Aparejará carne á su pueblo?

Por tanto oyó Jehová, é indignóse: Y encendióse el fuego contra Jacob, Y el furor subió también contra Israel; Por cuanto no habían creído á

Dios, Ni habían confiado en su salud: Á pesar de que mandó á las nubes de arriba, Y abrió las puertas de los cielos, É hizo llover sobre ellos maná para comer, Y dióles trigo de los cielos. Pan de nobles comió el hombre: Envióles comida á hartura.

Movió el solano en el cielo, Y trajo con su fortaleza el austro. É hizo llover sobre ellos carne como polvo, Y aves de alas como arena de la mar. É hízolas caer en medio de su campo, Alrededor de sus tiendas. Y comieron, y hartáronse mucho: Cumplióles pues su deseo. No habían quitado de sí su deseo, Aun estaba su vianda en su boca, Cuando vino sobre ellos el furor de Dios, Y mató los más robustos de ellos, Y derribo los escogidos de Israel.

Con todo esto pecaron aún, Y no dieron crédito á sus maravillas. Consumió por tanto en nada sus días, Y sus años en la tribulación. Si los mataba, entonces buscaban á Dios; Entonces se volvían solícitos en busca suya. Y acordábanse que Dios era su refugio. Y el Dios Alto su redentor. Mas le lisonjeaban con su boca, Y con su lengua le mentían: Pues sus corazones no eran rectos con él, Ni estuvieron firmes en su pacto. Empero él misericordioso, perdonaba la maldad, y no los destruía: Y abundó para apartar su ira, Y no despertó todo su enojo.

Y acordóse que eran carne; Soplo que va y no vuelve. ¡Cuántas veces lo ensañaron en el desierto, Lo enojaron en la soledad! Y volvían, y tentaban á Dios, Y ponían límite al Santo de Israel. No se acordaron de su mano, Del día que los redimió de angustia; Cuando puso en Egipto sus señales, Y sus maravillas en el campo de Zoán; Y volvió sus ríos en sangre, Y sus corrientes, porque no bebiesen.

Envió entre ellos una mistura de moscas que los comían, Y ranas que los destruyeron. Dió también al pulgón sus frutos, Y sus trabajos á la langosta. Sus viñas destruyó con granizo, Y sus higuerales con piedra; Y entregó al pedrisco sus bestias, Y al fuego sus ganados. Envió sobre ellos el furor de su saña, Ira y enojo y angustia, Con misión de malos ángeles. Dispuso el camino á su furor; No eximió la vida de ellos de la muerte, Sino que entregó su vida á la mortandad. É hirió á todo primogénito en Egipto, Las primicias de las fuerzas en las tiendas de Châm.

Empero hizo salir á su pueblo como ovejas, Y llevólos por el desierto, como un rebaño. Y guiólos con seguridad, que no tuvieron miedo; Y la mar cubrió á sus enemigos. Metiólos después en los términos de su santuario, En este monte que ganó su mano derecha. Y echó las gentes de delante de ellos, Y repartióles una herencia con cuerdas; É hizo habitar en sus moradas á las tribus de Israel. Mas tentaron y enojaron al Dios Altísimo, Y no guardaron sus testimonios; Sino que se volvieron, y se rebelaron como sus padres: Volviéronse como arco engañoso. Y enojáronlo con sus altos, Y provocáronlo á celo con sus esculturas.

Oyólo Dios, y enojóse, Y en gran manera aborreció á Israel. Dejó por tanto el tabernáculo de Silo, La tienda en que habitó entre los hombres; Y dió en cautividad su fortaleza, Y su gloria en mano del enemigo.

Entregó también su pueblo á cuchillo, Y airóse contra su heredad. El fuego devoró sus mancebos, Y sus vírgenes no fueron loadas en cantos nupciales. Sus sacerdotes cayeron á cuchillo, Y sus viudas no lamentaron.

Entonces despertó el Señor á la manera del que ha dormido, Como un valiente que grita excitado del vino: É hirió á sus enemigos en las partes posteriores: Dióles perpetua afrenta. Y desechó el tabernáculo de José, Y no escogió la tribu de Ephraim. Sino que escogió la tribu de Judá, El monte de Sión, al cual amó. Y edificó su santuario á manera de eminencia, Como la tierra que cimentó para siempre. Y eligió á David su siervo, Y tomólo de las majadas de las ovejas: De tras las paridas lo trajo, Para que apacentase á Jacob su pueblo, y á Israel su heredad.

Y apacentólos con entereza de su corazón; Y pastoreólos con la pericia de sus manos.

79

OH Dios, vinieron las gentes á tu heredad; El templo de tu santidad han contaminado; Pusieron á Jerusalem en montones.

Dieron los cuerpos de tus siervos por comida á las aves de los cielos; La carne de tus santos á las bestias de la tierra. Derramaron su sangre como agua en los alrededores de Jerusalem; Y no hubo quien los enterrase. Somos afrentados de nuestros vecinos, Escarnecidos y burlados de los que están en nuestros alrededores. ¿Hasta cuándo, oh Jehová? ¿has de estar airado para siempre? ¿Arderá como fuego tu celo?

Derrama tu ira sobre las gentes que no te conocen, Y sobre los reinos que no invocan tu nombre. Porque han consumido á Jacob, Y su morada han asolado. No recuerdes contra nosotros las iniquidades antiguas: Anticípennos presto tus misericordias, Porque estamos muy abatidos. Ayúdanos, oh Dios, salud nuestra, por la gloria de tu nombre: Y líbranos, y aplácate sobre nuestros pecados por amor de tu nombre. Porque dirán las gentes: ¿Dónde está su Dios?

Sea notoria en las gentes, delante de nuestros ojos, La venganza de la sangre de tus siervos, que fué derramada. Entre ante tu acatamiento el gemido de los presos: Conforme á la grandeza de tu brazo preserva á los sentenciados á muerte. Y torna á nuestros vecinos en su seno siete tantos De su infamia, con que te han deshonrado, oh Jehová.

Y nosotros, pueblo tuyo, y ovejas de tu dehesa, Te alabaremos para siempre: Por generación y generación cantaremos tus alabanzas.

80

OH Pastor de Israel, escucha: Tú que pastoreas como á ovejas á José, Que estás entre querubines, resplandece.

Despierta tu valentía delante de Ephraim, y de Benjamín, y de Manasés, Y ven á salvarnos. Oh Dios, haznos tornar; Y haz resplandecer tu rostro, y seremos salvos. Jehová, Dios de los ejércitos, ¿Hasta cuándo humearás tú contra la oración de tu pueblo?

Dísteles á comer pan de lágrimas, Y dísteles á beber lágrimas en gran abundancia. Pusístenos por contienda á nuestros vecinos: Y nuestros enemigos se burlan entre sí. Oh Dios de los ejércitos, haznos tornar; Y haz resplandecer tu rostro, y seremos salvos. Hiciste venir una vid de Egipto: Echaste las gentes, y plantástela.

Limpiaste sitio delante de ella, É hiciste arraigar sus raíces, y llenó la tierra. Los montes fueron cubiertos de su sombra; Y sus sarmientos como cedros de Dios. Extendió sus vástagos hasta la mar, Y hasta el río sus mugrones. ¿Por qué aportillaste sus vallados, Y la vendimian todos los que pasan por el camino?

Estropeóla el puerco montés, Y pacióla la bestia del campo. Oh Dios de los ejércitos, vuelve ahora: Mira desde el cielo, y considera, y visita esta viña, Y la planta que plantó tu diestra, Y el renuevo que para ti corroboraste. Quemada á fuego está, asolada: Perezcan por la represión de tu rostro. Sea tu mano sobre el varón de tu diestra, Sobre el hijo del hombre que para ti corroboraste. Así no nos volveremos de ti: Vida nos darás, é invocaremos tu nombre.

Oh Jehová, Dios de los ejércitos, haznos tornar; Haz resplandecer tu rostro, y seremos salvos.

81

CANTAD á Dios, fortaleza nuestra: Al Dios de Jacob celebrad con júbilo.

Tomad la canción, y tañed el adufe, El arpa deliciosa con el salterio. Tocad la trompeta en la nueva luna, En el día señalado, en el día de nuestra solemnidad. Porque estatuto es de Israel, Ordenanza del Dios de Jacob. Por testimonio en José lo ha constituído, Cuando salió por la tierra de Egipto; Donde oí lenguaje que no entendía. Aparté su hombro de debajo de la carga; Sus manos se quitaron de vasijas de barro. En la calamidad clamaste, y yo te libré: Te respondí en el secreto del trueno; Te probé sobre las aguas de Meribah. (Selah.)

Oye, pueblo mío y te protestaré. Israel, si me oyeres, No habrá en ti dios ajeno, Ni te encorvarás á dios extraño. Yo soy Jehová tu Dios, Que te hice subir de la tierra de Egipto: Ensancha tu boca, y henchirla he. Mas mi pueblo no oyó mi voz, É Israel no me quiso á mí. Dejélos por tanto á la dureza de su corazón: Caminaron en sus consejos. ¡Oh, si me hubiera oído mi pueblo, Si en mis caminos hubiera Israel andado! En una nada habría yo derribado sus enemigos, Y vuelto mi mano sobre sus adversarios. Los aborrecedores de Jehová se le hubieran sometido; Y el tiempo de ellos fuera para siempre.

Y Dios lo hubiera mantenido de grosura de trigo: Y de miel de la piedra te hubiera saciado.

82

DIOS está en la reunión de los dioses; En medio de los dioses juzga.

¿Hasta cuándo juzgaréis injustamente, Y aceptaréis las personas de los impíos? (Selah.)

Defended al pobre y al huérfano: Haced justicia al afligido y al menesteroso. Librad al afligido y al necesitado: Libradlo de mano de los impíos. No saben, no entienden, Andan en tinieblas: Vacilan todos los cimientos de la tierra.

Yo dije: Vosotros sois dioses. É hijos todos vosotros del Altísimo. Empero como hombres moriréis. Y caeréis como cualquiera de los tiranos.

Levántate, oh Dios, juzga la tierra: Porque tú heredarás en todas las gentes.

83

OH Dios no tengas silencio: No calles, oh Dios, ni te estés quieto.

Porque he aquí que braman tusenemigos; Y tus aborrecedores han alzado cabeza. Sobre tu pueblo han consultado astuta y secretamente, Y han entrado en consejo contra tus escondidos. Han dicho: Venid, y cortémoslos de ser pueblo, Y no haya más memoria del nombre de Israel. Por esto han conspirado de corazón á una, Contra ti han hecho liga; Los pabellones de los Idumeos y de los Ismaelitas, Moab y los Agarenos; Gebal, y Ammón, y Amalec; Los Filisteos con los habitadores de Tiro. También el Assur se ha juntado con ellos: Son por brazo á los hijos de Lot. (Selah.)

Hazles como á Madián; Como á Sísara, como á Jabín en el arroyo de Cisón; Que perecieron en Endor, Fueron hechos muladar de la tierra. Pon á ellos y á sus capitanes como á Oreb y como á Zeeb; Y como á Zeba y como á Zalmunna, á todos sus príncipes; Que han dicho: Heredemos para nosotros Las moradas de Dios.

Dios mío, ponlos como á torbellinos; Como á hojarascas delante del viento. Como fuego que quema el monte, Como llama que abrasa las breñas. Persíguelos así con tu tempestad, Y asómbralos con tu torbellino. Llena sus rostros de vergüenza; Y busquen tu nombre, oh Jehová. Sean afrentados y turbados para siempre; Y sean deshonrados, y perezcan.

Y conozcan que tu nombre es JEHOVÁ; Tú solo Altísimo sobre toda la tierra.

84

¡CUÁN amables son tus moradas, oh Jehová de los ejércitos! Codicia y aun ardientemente desea mi alma los atrios de Jehová: Mi corazón y mi carne cantan al Dios vivo. Aun el gorrión halla casa, Y la golondrina nido para sí, donde ponga sus pollos En tus altares, oh Jehová de los ejércitos, Rey mío, y Dios mío. Bienaventurados los que habitan en tu casa: Perpetuamente te alabarán (Selah.)

Bienaventurado el hombre que tiene su fortaleza en ti; En cuyo corazón están tus caminos. Atravesando el valle de Baca pónenle por fuente, Cuando la lluvia llena los estanques. Irán de fortaleza en fortaleza, Verán á Dios en Sión. Jehová Dios de los ejércitos, oye mi oración: Escucha, oh Dios de Jacob (Selah.)

Mira, oh Dios, escudo nuestro, Y pon los ojos en el rostro de tu ungido. Porque mejor es un día en tus atrios que mil fuera de ellos: Escogería antes estar á la puerta de la casa de mi Dios, Que habitar en las moradas de maldad. Porque sol y escudo es Jehová Dios: Gracia y gloria dará Jehová: No quitará el bien á los que en integridad andan.

Jehová de los ejércitos, Dichoso el hombre que en ti confía.

85

FUISTE propicio á tu tierra, oh Jehová: Volviste la cautividad de Jacob. Perdonaste la iniquidad de tu pueblo; Todos los pecados de ellos cubriste. (Selah.)

Dejaste toda tu saña: Te volviste de la ira de tu furor. Vuélvenos, oh Dios, salud nuestra, Y haz cesar tu ira de sobre nosotros. ¿Estarás enojado contra nosotros para siempre? ¿Extenderás tu ira de generación en generación? ¿No volverás tú á darnos vida, Y tu pueblo se alegrará en ti?

Muéstranos, oh Jehová, tu misericordia, Y danos tu salud. Escucharé lo que hablará el Dios Jehová: Porque hablará paz á su pueblo y á sus santos, Para que no se conviertan á la locura. Ciertamente cercana está su salud á los que le temen; Para que habite la gloria en nuestra tierra.

La misericordia y la verdad se encontraron: La justicia y la paz se besaron. La verdad brotará de la tierra; Y la justicia mirará desde los cielos. Jehová dará también el bien; Y nuestra tierra dará su fruto.

La justicia irá delante de él; Y sus pasos pondrá en camino.

86

INCLINA, oh Jehová, tu oído, y óyeme; Porque estoy afligido y menesteroso.

Guarda mi alma, porque soy pío: Salva tú, oh Dios mío, á tu siervo que en ti confía. Ten misericordia de mí, oh Jehová: Porque á ti clamo todo el día. Alegra el alma de tu siervo: Porque á ti, oh Señor, levanto mi alma. Porque tú, Señor, eres bueno y perdonador, Y grande en misericordia para con todos los que te invocan.

Escucha, oh Jehová, mi oración, Y está atento á la voz de mis ruegos. En el día de mi angustia te llamaré: Porque tú me respondes. Oh Señor, ninguno hay como tú entre los dioses, Ni obras que igualen tus obras. Todas las gentes que hiciste vendrán y se humillarán delante de ti, Señor; Y glorificarán tu nombre. Porque tú eres grande, y hacedor de maravillas: Tú solo eres Dios.

Enséñame, oh Jehová, tu camino; caminaré yo en tu verdad: Consolida mi corazón para que tema tu nombre. Te alabaré, oh Jehová Dios mío, con todo mi corazón; Y glorificaré tu nombre para siempre. Porque tu misericordia es grande para conmigo; Y has librado mi alma del hoyo profundo. Oh Dios, soberbios se levantaron contra mí, Y conspiración de fuertes ha buscado mi alma, Y no te pusieron delante de sí.

Mas tú, Señor, Dios misericordioso y clemente, Lento para la ira, y grande en misericordia y verdad; Mírame, y ten misericordia de mí: Da tu fortaleza á tu siervo, Y guarda al hijo de tu sierva.

Haz conmigo señal para bien, Y véanla los que me aborrecen, y sean avergonzados; Porque tú, Jehová, me ayudaste, y me consolaste.

87

SU cimiento es en montes de santidad.

Ama Jehová las puertas de Sión Más que todas las moradas de Jacob. Cosas ilustres son dichas de ti, Ciudad de Dios. (Selah.)

Yo me acordaré de Rahab y de Babilonia entre los que me conocen: He aquí Palestina, y Tiro, con Etiopía: Éste nació allá. Y de Sión se dirá: Éste y aquél han nacido en ella; Y fortificarála el mismo Altísimo. Jehová contará cuando se escribieren los pueblos: Éste nació allí. (Selah.)

Y cantores y tañedores en ella dirán: Todas mis fuentes estarán en ti.

88

OH Jehová, Dios de mi salud, Día y noche clamo delante de ti.

Entre mi oración en tu presencia: Inclina tu oído á mi clamor. Porque mi alma está harta de males, Y mi vida cercana al sepulcro. Soy contado con los que descienden al hoyo, Soy como hombre sin fuerza: Libre entre los muertos, Como los matados que yacen en el sepulcro, Que no te acuerdas más de ellos, Y que son cortados de tu mano. Hasme puesto en el hoyo profundo, En tinieblas, en honduras. Sobre mí se ha acostado tu ira, Y me has afligido con todas tus ondas. (Selah.)

Has alejado de mí mis conocidos: Hasme puesto por abominación á ellos: Encerrado estoy, y no puedo salir. Mis ojos enfermaron á causa de mi aflicción: Hete llamado, oh Jehová, cada día; He extendido á ti mis manos. ¿Harás tú milagro á los muertos? ¿Levantaránse los muertos para alabarte? (Selah.)

¿Será contada en el sepulcro tu misericordia, Ó tu verdad en la perdición? ¿Será conocida en las tinieblas tu maravilla, Ni tu justicia en la tierra del olvido? Mas yo á ti he clamado, oh Jehová; Y de mañana mi oración te previno. ¿Por qué, oh Jehová, desechas mi alma? ¿Por qué escondes de mí tu rostro? Yo soy afligido y menesteroso: Desde la mocedad he llevado tus terrores, he estado medroso.

Sobre mí han pasado tus iras; Tus espantos me han cortado. Hanme rodeado como aguas de continuo; Hanme cercado á una.

Has alejado de mí el enemigo y el compañero; Y mis conocidos se esconden en la tiniebla.

89

LAS misericordias de Jehová cantaré perpetuamente; En generación y generación haré notoria tu verdad con mi boca.

Porque dije: Para siempre será edificada misericordia; En los mismos cielos apoyarás tu verdad. Hice alianza con mi escogido; Juré á David mi siervo: diciendo. Para siempre confirmaré tu simiente, Y edificaré tu trono por todas las generaciones. (Selah.)

Y celebrarán los cielos tu maravilla, oh Jehová; Tu verdad también en la congregación de los santos. Porque ¿quién en los cielos se igualará con Jehová? ¿Quién será semejante á Jehová entre los hijos de los potentados?

Dios terrible en la grande congregación de los santos, Y formidable sobre todos cuantos están alrededor suyo. Oh Jehová, Dios de los ejércitos, ¿Quién como tú? Poderoso eres, Jehová, Y tu verdad está en torno de ti. Tú tienes dominio sobre la bravura de la mar: Cuando se levantan sus ondas, tú las sosiegas. Tú quebrantaste á Rahab como á un muerto: Con el brazo de tu fortaleza esparciste á tus enemigos.

Tuyos los cielos, tuya también la tierra: El mundo y su plenitud, tú lo fundaste. Al aquilón y al austro tú los criaste: Tabor y Hermón cantarán en tu nombre. Tuyo el brazo con valentía; Fuerte es tu mano, ensalzada tu diestra. Justicia y juicio son el asiento de tu trono: Misericordia y verdad van delante de tu rostro.

Bienaventurado el pueblo que sabe aclamarte: Andarán, oh Jehová, á la luz de tu rostro. En tu nombre se alegrarán todo el día; Y en tu justicia serán ensalzados. Porque tú eres la gloria de su fortaleza; Y por tu buena voluntad ensalzarás nuestro cuerno. Porque Jehová es nuestro escudo; Y nuestro rey es el Santo de Israel.

Entonces hablaste en visión á tu santo, Y dijiste: Yo he puesto el socorro sobre valiente; He ensalzado un escogido de mi pueblo. Hallé á David mi siervo; Ungílo con el aceite de mi santidad. Mi mano será firme con él, Mi brazo también o fortificará. No lo avasallará enemigo, Ni hijo de iniquidad lo quebrantará. Mas yo quebrantaré delante de él á sus enemigos, Y heriré á sus aborrecedores. Y mi verdad y mi misericordia serán con él; Y en mi nombre será ensalzado su cuerno.

Asimismo pondré su mano en la mar, Y en los ríos su diestra. Él me llamará: Mi padre eres tú, Mi Dios, y la roca de mi salud. Yo también le pondré por primogénito, Alto sobre los reyes de la tierra. Para siempre le conservaré mi misericordia; Y mi alianza será firme con él. Y pondré su simiente para siempre, Y su trono como los días de los cielos.

Si dejaren sus hijos mi ley, Y no anduvieren en mis juicios; Si profanaren mis estatutos, Y no guardaren mis mandamientos; Entonces visitaré con vara su rebelión, Y con azotes sus iniquidades. Mas no quitaré de él mi misericordia, Ni falsearé mi verdad. No olvidaré mi pacto, Ni mudaré lo que ha salido de mis labios.

Una vez he jurado por mi santidad, Que no mentiré á David. Su simiente será para siempre, Y su trono como el sol delante de mí. Como la luna será firme para siempre, Y como un testigo fiel en el cielo. (Selah.)

Mas tú desechaste y menospreciaste á tu ungido; Y te has airado con él. Rompiste el pacto de tu siervo; Has profanado su corona hasta la tierra. Aportillaste todos sus vallados; Has quebrantado sus fortalezas. Menoscabáronle todos los que pasaron por el camino: Es oprobio á sus vecinos. Has ensalzado la diestra de sus enemigos; Has alegrado á todos sus adversarios. Embotaste asimismo el filo de su espada, Y no lo levantaste en la batalla. Hiciste cesar su brillo, Y echaste su trono por tierra. Has acortado los días de su juventud; Hasle cubierto de afrenta. (Selah.)

¿Hasta cuándo, oh Jehová? ¿te esconderás para siempre? ¿Arderá tu ira como el fuego? Acuérdate de cuán corto sea mi tiempo: ¿Por qué habrás criado en vano á todos los hijos del hombre? ¿Qué hombre vivirá y no verá muerte? ¿Librarás su vida del poder del sepulcro? (Selah.)

Señor, ¿dónde están tus antiguas misericordias, Que juraste á David por tu verdad? Señor, acuérdate del oprobio de tus siervos; Oprobio que llevo yo en mi seno de muchos pueblos. Porque tus enemigos, oh Jehová, han deshonrado, Porque tus enemigos han deshonrado los pasos de tu ungido.

Bendito Jehová para siempre. Amén, y Amén.

90

SEÑOR, tú nos has sido refugio En generación y en generación.

Antes que naciesen los montes Y formases la tierra y el mundo, Y desde el siglo y hasta el siglo, tú eres Dios. Vuelves al hombre hasta ser quebrantado, Y dices: Convertíos, hijos de los hombres. Porque mil años delante de tus ojos, Son como el día de ayer, que pasó, Y como una de las vigilias de la noche.

Háceslos pasar como avenida de aguas; son como sueño; Como la hierba que crece en la mañana: En la mañana florece y crece; Á la tarde es cortada, y se seca. Porque con tu furor somos consumidos, Y con tu ira somos conturbados.

Pusiste nuestras maldades delante de ti, Nuestros yerros á la luz de tu rostro. Porque todos nuestros días declinan á causa de tu ira; Acabamos nuestros años como un pensamiento. Los días de nuestra edad son setenta años; Que si en los más robustos son ochenta años, Con todo su fortaleza es molestia y trabajo; Porque es cortado presto, y volamos.

¿Quién conoce la fortaleza de tu ira, Y tu indignación según que debes ser temido? Enséñanos de tal modo á contar nuestros días, Que traigamos al corazón sabiduría.

Vuélvete, oh Jehová: ¿hasta cuándo? Y aplácate para con tus siervos. Sácianos presto de tu misericordia: Y cantaremos y nos alegraremos todos nuestros días. Alégranos conforme á los días que nos afligiste, Y los años que vimos mal.

Aparezca en tus siervos tu obra, Y tu gloria sobre sus hijos. Y sea la luz de Jehová nuestro Dios sobre nosotros: Y ordena en nosotros la obra de nuestras manos, La obra de nuestras manos confirma.

91

EL que habita al abrigo del Altísimo, Morará bajo la sombra del Omnipotente.

Diré yo á Jehová: Esperanza mía, y castillo mío; Mi Dios, en él confiaré. Y él te librará del lazo del cazador: De la peste destruidora.

Con sus plumas te cubrirá, Y debajo de sus alas estarás seguro: Escudo y adarga es su verdad.

No tendrás temor de espanto nocturno, Ni de saeta que vuele de día; Ni de pestilencia que ande en oscuridad, Ni de mortandad que en medio del día destruya. Caerán á tu lado mil, Y diez mil á tu diestra: Mas á ti no llegará.

Ciertamente con tus ojos mirarás, Y verás la recompensa de los impíos. Porque tú has puesto á Jehová, que es mi esperanza. Al Altísimo por tu habitación, No te sobrevendrá mal, Ni plaga tocará tu morada. Pues que á sus ángeles mandará acerca de ti, Que te guarden en todos tus caminos. En las manos te llevarán, Porque tu pie no tropiece en piedra. Sobre el león y el basilisco pisarás; Hollarás al cachorro del león y al dragón. Por cuanto en mí ha puesto su voluntad, yo también lo libraré: Pondrélo en alto, por cuanto ha conocido mi nombre.

Me invocará, y yo le responderé: Con él estaré yo en la angustia: Lo libraré, y le glorificaré. Saciarélo de larga vida, Y mostraréle mi salud.

92

BUENO es alabar á Jehová, Y cantar salmos á tu nombre, oh Altísimo; Anunciar por la mañana tu misericordia, Y tu verdad en las noches, En el decacordio y en el salterio, En tono suave con el arpa.

Por cuanto me has alegrado, oh Jehová, con tus obras; En las obras de tus manos me gozo. ¡Cuán grandes son tus obras, oh Jehová! Muy profundos son tus pensamientos. El hombre necio no sabe, Y el insensato no entiende esto: Que brotan los impíos como la hierba, Y florecen todos los que obran iniquidad, Para ser destruídos para siempre.

Mas tú, Jehová, para siempre eres Altísimo. Porque he aquí tus enemigos, oh Jehová, Porque he aquí, perecerán tus enemigos; Serán disipados todos los que obran maldad. Empero tú ensalzarás mi cuerno como el de unicornio: Seré ungido con aceite fresco. Y mirarán mis ojos sobre mis enemigos: Oirán mis oídos de los que se levantaron contra mí, de los malignos.

El justo florecerá como la palma: Crecerá como cedro en el Líbano. Plantados en la casa de Jehová, En los atrios de nuestro Dios florecerán. Aun en la vejez fructificarán; Estarán vigorosos y verdes; Para anunciar que Jehová mi fortaleza es recto. Y que en él no hay injusticia.

93

JEHOVÁ reina, vistióse de magnificencia, Vistióse Jehová, ciñóse de fortaleza; Afirmó también el mundo, que no se moverá. Firme es tu trono desde entonces: Tú eres eternalmente.

Alzaron los ríos, oh Jehová, Alzaron los ríos su sonido; Alzaron los ríos sus ondas. Jehová en las alturas es más poderoso Que el estruendo de las muchas aguas, Más que las recias ondas de la mar. Tus testimonios son muy firmes:

La santidad conviene á tu casa, Oh Jehová, por los siglos y para siempre.

94

JEHOVÁ, Dios de las venganzas, Dios de las venganzas, muéstrate. Ensálzate, oh Juez de la, tierra: Da el pago á los soberbios. ¿Hasta cuándo los impíos, Hasta cuándo, oh Jehová, se gozarán los impíos? ¿Hasta cuándo pronunciarán, hablarán cosas duras, Y se vanagloriarán todos los que obran iniquidad?

Á tu pueblo, oh Jehová, quebrantan, Y á tu heredad afligen. Á la viuda y al extranjero matan, Y á los huérfanos quitan la vida. Y dijeron: No verá JAH, Ni entenderá el Dios de Jacob.

Entended, necios del pueblo; Y vosotros fatuos, ¿cuándo seréis sabios? El que plantó el oído, ¿no oirá? El que formó el ojo, ¿no verá? El que castiga las gentes, ¿no reprenderá? ¿No sabrá el que enseña al hombre la ciencia? Jehová conoce los pensamientos de los hombres, Que son vanidad.

Bienaventurado el hombre á quien tú, JAH, castigares, Y en tu ley lo instruyeres; Para tranquilizarle en los días de aflicción, En tanto que para el impío se cava el hoyo. Porque no dejará Jehová su pueblo, Ni desamparará su heredad; Sino que el juicio será vuelto á justicia, Y en pos de ella irán todos los rectos de corazón.

¿Quién se levantará por mí contra los malignos? ¿Quién estará por mí contra los que obran iniquidad? Si no me ayudara Jehová, Presto morara mi alma en el silencio.

Cuando yo decía: Mi pie resbala: Tu misericordia, oh Jehová, me sustentaba. En la multitud de mis pensamientos dentro de mí, Tus consolaciones alegraban mi alma. ¿Juntaráse contigo el trono de iniquidades, Que forma agravio en el mandamiento?

Pónense en corros contra la vida del justo, Y condenan la sangre inocente. Mas Jehová me ha sido por refugio; Y mi Dios por roca de mi confianza.

Y él hará tornar sobre ellos su iniquidad, Y los destruirá por su propia maldad; Los talará Jehová nuestro Dios.

95

VENID, celebremos alegremente á Jehová: Cantemos con júbilo á la roca de nuestra salud.

Lleguemos ante su acatamiento con alabanza; Aclamémosle con cánticos. Porque Jehová es Dios grande; Y Rey grande sobre todos los dioses. Porque en su mano están las profundidades de la tierra, Y las alturas de los montes son suyas. Suya también la mar, pues él la hizo; Y sus manos formaron la seca.

Venid, adoremos y postrémonos; Arrodillémonos delante de Jehová nuestro hacedor. Porque él es nuestro Dios; Nosotros el pueblo de su dehesa, y ovejas de su mano.

Si hoy oyereis su voz, No endurezcáis vuestro corazón como en Meribah, Como el día de Masa en el desierto; Donde me tentaron vuestros padres, Probáronme, y vieron mi obra. Cuarenta años estuve disgustado con la nación, Y dije: Pueblo es que divaga de corazón, Y no han conocido mis caminos.

Por tanto juré en mi furor Que no entrarían en mi reposo.

96

CANTAD á Jehová canción nueva; Cantad á Jehová, toda la tierra.

Cantad á Jehová, bendecid, su nombre: Anunciad de día en día su salud.

Contad entre las gentes su gloria, En todos los pueblos sus maravillas.

Porque grande es Jehová, y digno de suprema alabanza; Terrible sobre todos los dioses. Porque todos los dioses de los pueblos son ídolos: Mas Jehová hizo los cielos.

Alabanza y magnificencia delante de él: Fortaleza y gloria en su santuario. Dad á Jehová, oh familias de los pueblos, Dad á Jehová la gloria y la fortaleza. Dad á Jehová la honra debida á su nombre: Tomad presentes, y venid á sus atrios. Encorvaos á Jehová en la hermosura de su santuario: Temed delante de él, toda la tierra.

Decid en las gentes: Jehová reinó, También afirmó el mundo, no será conmovido: Juzgará á los pueblos en justicia. Alégrense los cielos, y gócese la tierra: Brame la mar y su plenitud.

Regocíjese el campo, y todo lo que en él está: Entonces todos los árboles del bosque rebosarán de contento. Delante de Jehová que vino: Porque vino á juzgar la tierra. Juzgará al mundo con justicia, Y á los pueblos con su verdad.

97

JEHOVÁ reinó: regocíjese la tierra: Alégrense las muchas islas.

Nube y oscuridad alrededor de, él: Justicia y juicio son el asiento de su trono. Fuego irá delante de él, Y abrasará en derredor sus enemigos. Sus relámpagos alumbraron el mundo: La tierra vió, y estremecióse. Los montes se derritieron como cera delante de Jehová, Delante del Señor de toda la tierra. Los cielos denunciaron su justicia, Y todos los pueblos vieron su gloria.

Avergüéncense todos los que sirven á las imágenes de talla, Los que se alaban de los ídolos: Los dioses todos á él se encorven. Oyó Sión, y alegróse; Y las hijas de Judá, Oh Jehová, se gozaron por tus juicios.

Porque tú, Jehová, eres alto sobre toda la tierra: Eres muy ensalzado sobre todos los dioses.

Los que á Jehová amáis, aborreced el mal: Guarda él las almas de sus santos; De mano de los impíos los libra. Luz está sembrada para el justo, Y alegría para los rectos de corazón.

Alegraos, justos, en Jehová: Y alabad la memoria de su santidad.

98

CANTAD á Jehová canción nueva; Porque ha hecho maravillas: Su diestra lo ha salvado, y su santo brazo.

Jehová ha hecho notoria su salud: En ojos de las gentes ha descubierto su justicia. Hase acordado de su misericordia y de su verdad para con la casa de Israel: Todos los términos de la tierra han visto la salud de nuestro Dios. Cantad alegres á Jehová, toda la tierra; Levantad la voz, y aplaudid, y salmead. Salmead á Jehová con arpa; Con arpa y voz de cántico. Aclamad con trompetas y sonidos De bocina delante del rey Jehová.

Brame la mar y su plenitud; El mundo y los que en él habitan; Los ríos batan las manos; Los montes todos hagan regocijo, Delante de Jehová; porque vino á juzgar la tierra: Juzgará al mundo con justicia, Y á los pueblos con rectitud.

99

JEHOVÁ reinó, temblarán los pueblos: Él está sentado sobre los querubines, conmoveráse la tierra.

Jehová en Sión es grande, Y ensalzado sobre todos los pueblos. Alaben tu nombre grande y tremendo: Él es santo. Y la gloria del rey ama el juicio: Tú confirmas la rectitud; Tú has hecho en Jacob juicio y justicia. Ensalzad á Jehová nuestro Dios, Y encorvaos al estrado de sus pies: Él es santo.

Moisés y Aarón entre sus sacerdotes, Y Samuel entre los que invocaron su nombre; Invocaban á Jehová, y él les respondía. En columna de nube hablaba con ellos: Guardaban sus testimonios, y el estatuto que les había dado. Jehová Dios nuestro, tú les respondías: Tú les fuiste un Dios perdonador, Y vengador de sus obras.

Ensalzad á Jehová nuestro Dios, Y encorvaos al monte de su santidad; Porque Jehová nuestro Dios es santo.

100

CANTAD alegres á Dios, habitantes de toda la tierra.

Servid á Jehová con alegría: Venid ante su acatamiento con regocijo.

Reconoced que Jehová él es Dios: Él nos hizo, y no nosotros á nosotros mismos. Pueblo suyo somos, y ovejas de su prado. Entrad por sus puertas con reconocimiento, Por sus atrios con alabanza: Alabadle, bendecid su nombre.

Porque Jehová es bueno: para siempre es su misericordia, Y su verdad por todas las generaciones.

101

MISERICORDIA y juicio cantaré: Á ti cantaré yo, oh Jehová.

Entenderé en el camino de la perfección Cuando vinieres á mí: En integridad de mi corazón andaré en medio de mi casa. No pondré delante de mis ojos cosa injusta: Aborrezco la obra de los que se desvían: Ninguno de ellos se allegará á mí.

Corazón perverso se apartará de mí; No conoceré al malvado. Al que solapadamente infama á su prójimo, yo le cortaré; No sufriré al de ojos altaneros, y de corazón vanidoso. Mis ojos pondré en los fieles de la tierra, para que estén conmigo: El que anduviere en el camino de la perfección, éste me servirá. No habitará dentro de mi casa el que hace fraude: El que habla mentiras no se afirmará delante de mis ojos.

Por las mañanas cortaré á todos los impíos de la tierra; Para extirpar de la ciudad de Jehová á todos los que obraren iniquidad.

102

JEHOVÁ, oye mi oración, Y venga mi clamor á ti.

No escondas de mí tu rostro: en el día de mi angustia Inclina á mí tu oído; El día que te invocare, apresúrate á responderme. Porque mis días se han consumido como humo; Y mis huesos cual tizón están quemados. Mi corazón fué herido, y secóse como la hierba; Por lo cual me olvidé de comer mi pan.

Por la voz de mi gemido Mis huesos se han pegado á mi carne. Soy semejante al pelícano del desierto; Soy como el búho de las soledades. Velo, y soy Como el pájaro solitario sobre el tejado.

Cada día me afrentan mis enemigos; Los que se enfurecen contra mí, hanse contra mí conjurado. Por lo que como la ceniza á manera de pan, Y mi bebida mezclo con lloro, Á causa de tu enojo y de tu ira; Pues me alzaste, y me has arrojado. Mis días son como la sombra que se va; Y heme secado como la hierba. Mas tú, Jehová, permanecerás para siempre, Y tu memoria para generación y generación.

Tú levantándote, tendrás misericordia de Sión; Porque el tiempo de tener misericordia de ella, porque el plazo es llegado. Porque tus siervos aman sus piedras, Y del polvo de ella tienen compasión.

Entonces temerán las gentes el nombre de Jehová, Y todos los reyes de la tierra tu gloria; Por cuanto Jehová habrá edificado á Sión, Y en su gloria será visto; Habrá mirado á la oración de los solitarios, Y no habrá desechado el ruego de ellos.

Escribirse ha esto para la generación venidera: Y el pueblo que se criará, alabará á JAH. Porque miró de lo alto de su santuario; Jehová miró de los cielos á la tierra, Para oír el gemido de los presos, Para soltar á los sentenciados á muerte; Porque cuenten en Sión el nombre de Jehová, Y su alabanza en Jerusalem, Cuando los pueblos se congregaren en uno, Y los reinos, para servir á Jehová.

Él afligió mi fuerza en el camino; Acortó mis días. Dije: Dios mío, no me cortes en el medio de mis días: Por generación de generaciones son tus años.

Tú fundaste la tierra antiguamente, Y los cielos son obra de tus manos.

Ellos perecerán, y tú permanecerás; Y todos ellos como un vestido se envejecerán; Como una ropa de vestir los mudarás, y serán mudados: Mas tú eres el mismo, Y tus años no se acabarán.

Los hijos de tus siervos habitarán, Y su simiente será afirmada delante de ti.

103

BENDICE, alma mía á Jehová; Y bendigan todas mis entrañas su santo nombre.

Bendice, alma mía, á Jehová, Y no olvides ninguno de sus beneficios.

Él es quien perdona todas tus iniquidades, El que sana todas tus dolencias; El que rescata del hoyo tu vida, El que te corona de favores y misericordias; El que sacia de bien tu boca De modo que te rejuvenezcas como el águila.

Jehová el que hace justicia Y derecho á todos los que padecen violencia.

Sus caminos notificó á Moisés, Y á los hijos de Israel sus obras.

Misericordioso y clemente es Jehová; Lento para la ira, y grande en misericordia. No contenderá para siempre, Ni para siempre guardará el enojo. No ha hecho con nosotros conforme á nuestras iniquidades; Ni nos ha pagado conforme á nuestros pecados.

Porque como la altura de los cielos sobre la tierra, Engrandeció su misericordia sobre los que le temen. Cuanto está lejos el oriente del occidente, Hizo alejar de nosotros nuestras rebeliones. Como el padre se compadece de los hijos, Se compadece Jehová de los que le temen.

Porque él conoce nuestra condición; Acuérdase que somos polvo.

El hombre, como la hierba son sus días, Florece como la flor del campo.

Que pasó el viento por ella, y pereció: Y su lugar no la conoce más.

Mas la misericordia de Jehová desde el siglo y hasta el siglo sobre los que le temen, Y su justicia sobre los hijos de los hijos; Sobre los que guardan su pacto, Y los que se acuerdan de sus mandamientos para ponerlos por obra.

Jehová afirmó en los cielos su trono; Y su reino domina sobre todos. Bendecid á Jehová, vosotros sus ángeles, Poderosos en fortaleza, que ejecutáis su palabra, Obedeciendo á la voz de su precepto. Bendecid á Jehová, vosotros todos sus ejércitos, Ministros suyos, que hacéis su voluntad. Bendecid á Jehová, vosotras todas sus obras, En todos los lugares de su señorío.

Bendice, alma mía á Jehová.

104

BENDICE, alma mía, á Jehová. Jehová, Dios mío, mucho te has engrandecido; Haste vestido de gloria y de magnificencia.

El que se cubre de luz como de vestidura, Que extiende los cielos como una cortina; Que establece sus aposentos entre las aguas; El que pone las nubes por su carroza, El que anda sobre las alas del viento; El que hace á sus ángeles espíritus, Sus ministros al fuego flameante.

Él fundó la tierra sobre sus basas; No será jamás removida. Con el abismo, como con vestido, la cubriste; Sobre los montes estaban las aguas. Á tu represión huyeron; Al sonido de tu trueno se apresuraron; Subieron los montes, descendieron los valles, Al lugar que tú les fundaste. Pusísteles término, el cual no traspasarán; Ni volverán á cubrir la tierra.

Tú eres el que envías las fuentes por los arroyos; Van entre los montes. Abrevan á todas las bestias del campo: Quebrantan su sed los asnos montaraces. Junto á aquellos habitarán las aves de los cielos; Entre las ramas dan voces. El que riega los montes desde sus aposentos: Del fruto de sus obras se sacia la tierra. El que hace producir el heno para las bestias, Y la hierba para el servicio del hombre; Sacando el pan de la tierra. Y el vino que alegra el corazón del hombre, Y el aceite que hace lucir el rostro, Y el pan que sustenta el corazón del hombre.

Llénanse de jugo los árboles de Jehová, Los cedros del Líbano que él plantó. Allí anidan las aves; En las hayas hace su casa la cigüeña. Los montes altos para las cabras monteses; Las peñas, madrigueras para los conejos. Hizo la luna para los tiempos: El sol conoce su ocaso. Pone las tinieblas, y es la noche: En ella corretean todas las bestias de la selva.

Los leoncillos braman á la presa, Y para buscar de Dios su comida. Sale el sol, recógense, Y échanse en sus cuevas. Sale el hombre á su hacienda, Y á su labranza hasta la tarde. ¡Cuán muchas son tus obras, oh Jehová! Hiciste todas ellas con sabiduría: La tierra está llena de tus beneficios.

Asimismo esta gran mar y ancha de términos: En ella pescados sin número, Animales pequeños y grandes. Allí andan navíos; Allí este leviathán que hiciste para que jugase en ella. Todos ellos esperan en ti,

Para que les des su comida á su tiempo. Les das, recogen; Abres tu mano, hártanse de bien. Escondes tu rostro, túrbanse: Les quitas el espíritu, dejan de ser, Y tórnanse en su polvo. Envías tu espíritu, críanse: Y renuevas la haz de la tierra.

Sea la gloria de Jehová para siempre; Alégrese Jehová en sus obras; El cual mira á la tierra, y ella tiembla; Toca los montes, y humean. Á Jehová cantaré en mi vida: Á mi Dios salmearé mientras viviere. Serme ha suave hablar de él: Yo me alegraré en Jehová.

Sean consumidos de la tierra los pecadores, Y los impíos dejen de ser.

Bendice, alma mía, á Jehová.

Aleluya.

105

ALABAD á Jehová, invocad su nombre.

Haced notorias sus obras en los pueblos. Cantadle, cantadle salmos: Hablad de todas sus maravillas. Gloriaos en su santo nombre: Alégrese el corazón de los que buscan á Jehová.

Buscad á Jehová, y su fortaleza: Buscad siempre su rostro. Acordaos de sus maravillas que hizo, De sus prodigios y de los juicios de su boca, Oh vosotros, simiente de Abraham su siervo, Hijos de Jacob, sus escogidos. Él es Jehová nuestro Dios; En toda la tierra son sus juicios.

Acordóse para siempre de su alianza; De la palabra que mandó para mil generaciones, La cual concertó con Abraham; Y de su juramento á Isaac. Y establecióla á Jacob por decreto, Á Israel por pacto sempiterno, Diciendo: Á ti daré la tierra de Canaán Por cordel de vuestra heredad.

Esto siendo ellos pocos hombres en número, Y extranjeros en ella. Y anduvieron de gente en gente, De un reino á otro pueblo. No consintió que hombre los agraviase; Y por causa de ellos castigó los reyes.

No toquéis, dijo, á mis ungidos, Ni hagáis mal á mis profetas. Y llamó al hambre sobre la tierra, Y quebrantó todo mantenimiento de pan. Envió un varón delante de ellos, Á José, que fué vendido por siervo. Afligieron sus pies con grillos; En hierro fué puesta su persona. Hasta la hora que llegó su palabra, El dicho de Jehová le probó. Envió el rey, y soltóle; El señor de los pueblos, y desatóle. Púsolo por señor de su casa, Y por enseñoreador en toda su posesión; Para que reprimiera á sus grandes como él quisiese, Y á sus ancianos enseñara sabiduría.

Después entró Israel en Egipto, Y Jacob fué extranjero en la tierra de Châm. Y multiplicó su pueblo en gran manera, É hízolo fuerte más que sus enemigos. Volvió el corazón de ellos para que aborreciesen á su pueblo, Para que contra sus siervos pensasen mal.

Envió á su siervo Moisés, Y á Aarón al cual escogió. Pusieron en ellos las palabras de sus señales, Y sus prodigios en la tierra de Châm. Echó tinieblas, é hizo oscuridad; Y no fueron rebeldes á su palabra. Volvió sus aguas en sangre, Y mató sus pescados. Produjo su tierra ranas, Aun en las cámaras de sus reyes. Dijo, y vinieron enjambres de moscas, Y piojos en todo su término. Volvió en su tierra sus lluvias en granizo, Y en fuego de llamaradas. É hirió sus viñas y sus higueras, Y quebró los árboles de su término. Dijo, y vinieron langostas, Y pulgón sin número; Y comieron toda la hierba de su país, Y devoraron el fruto de su tierra. Hirió además á todos los primogénitos en su tierra, El principio de toda su fuerza.

Y sacólos con plata y oro; Y no hubo en sus tribus enfermo. Egipto se alegró de que salieran; Porque su terror había caído sobre ellos. Extendió una nube por cubierta, Y fuego para alumbrar la noche. Pidieron, é hizo venir codornices; Y saciólos de pan del cielo. Abrió la peña, y fluyeron aguas; Corrieron por los secadales como un río. Porque se acordó de su santa palabra, Dada á Abraham su siervo. Y sacó á su pueblo con gozo; Con júbilo á sus escogidos.

Y dióles las tierras de las gentes; Y las labores de las naciones heredaron: Para que guardasen sus estatutos, Y observasen sus leyes. Aleluya.

106

ALELUYA. Alabad á Jehová, porque es bueno; Porque para siempre es su misericordia.

¿Quién expresará las valentías de Jehová? ¿Quién contará sus alabanzas? Dichosos los que guardan juicio, Los que hacen justicia en todo tiempo. Acuérdate de mí, oh Jehová, según tu benevolencia para con tu pueblo: Visítame con tu salud; Para que yo vea el bien de tus escogidos, Para que me goce en la alegría de tu gente, Y me gloríe con tu heredad.

Pecamos con nuestros padres, Hicimos iniquidad, hicimos impiedad. Nuestros padres en Egipto no entendieron tus maravillas; No se acordaron de la muchedumbre de tus misericordias; Sino que se rebelaron junto á la mar, en el mar Bermejo.

Salvólos empero por amor de su nombre, Para hacer notoria su fortaleza. Y reprendió al mar Bermejo, y secólo; É hízoles ir por el abismo, como por un desierto. Y salvólos de mano del enemigo, Y rescatólos de mano del adversario. Y cubrieron las aguas á sus enemigos: No quedó uno de ellos. Entonces creyeron á sus palabras, Y cantaron su alabanza.

Apresuráronse, olvidáronse de sus obras; No esperaron en su consejo. Y desearon con ansia en el desierto; Y tentaron á Dios en la soledad. Y él les dió lo que pidieron; Mas envió flaqueza en sus almas. Tomaron después celo contra Moisés en el campo, Y contra Aarón el santo de Jehová. Abrióse la tierra, y tragó á Dathán, Y cubrió la compañía de Abiram. Y encendióse el fuego en su junta; La llama quemó los impíos. Hicieron becerro en Horeb, Y encorváronse á un vaciadizo. Así trocaron su gloria Por la imagen de un buey que come hierba. Olvidaron al Dios de su salud, Que había hecho grandezas en Egipto; Maravillas en la tierra de Châm, Cosas formidables sobre el mar Bermejo. Y trató de destruirlos, Á no haberse puesto Moisés su escogido al portillo delante de él, Á fin de apartar su ira, para que no los destruyese.

Empero aborrecieron la tierra deseable: No creyeron á su palabra; Antes murmuraron en sus tiendas, Y no oyeron la voz de Jehová. Por lo que alzó su mano á ellos, En orden á postrarlos en el desierto, Y humillar su simiente entre las gentes, Y esparcirlos por las tierras. Allegáronse asimismo á Baalpeor, Y comieron los sacrificios de los muertos. Y ensañaron á Dios con sus obras, Y desarrollóse la mortandad en ellos. Entonces se levantó Phinees, é hizo juicio; Y se detuvo la plaga. Y fuéle contado á justicia De generación en generación para siempre.

También le irritaron en las aguas de Meribah: É hizo mal á Moisés por causa de ellos; Porque hicieron se rebelase su espíritu, Como lo expresó con sus labios. No destruyeron los pueblos Que Jehová les dijo; Antes se mezclaron con las gentes, Y aprendieron sus obras.

Y sirvieron á sus ídolos; Los cuales les fueron por ruina. Y sacrificaron sus hijos y sus hijas á los demonios; Y derramaron la sangre inocente, la sangre de sus hijos y de sus hijas, Que sacrificaron á los ídolos de Canaán: Y la tierra fué contaminada con sangre. Contamináronse así con sus obras, Y fornicaron con sus hechos.

Encendióse por tanto el furor de Jehová sobre su pueblo, Y abominó su heredad: Y entrególos en poder de las gentes, Y enseñoreáronse de ellos los que los aborrecían. Y sus enemigos los oprimieron, Y fueron quebrantados debajo de su mano.

Muchas veces los libró; Mas ellos se rebelaron á su consejo, Y fueron humillados por su maldad. Él con todo, miraba cuando estaban en angustia, Y oía su clamor: Y acordábase de su pacto con ellos, Y arrepentíase conforme á la muchedumbre de sus miseraciones. Hizo asimismo tuviesen de ellos misericordia todos los que los tenían cautivos.

Sálvanos, Jehová Dios nuestro, Y júntanos de entre las gentes, Para que loemos tu santo nombre, Para que nos gloriemos en tus alabanzas.

Bendito Jehová Dios de Israel, Desde el siglo y hasta el siglo: Y diga todo el pueblo, Amén. Aleluya.

ALABAD á Jehová, porque es bueno; Porque para siempre es su misericordia.

Digan lo los redimidos de Jehová, Los que ha redimido del poder del enemigo, Y los ha congregado de las tierras, Del oriente y del occidente, Del aquilón y de la mar. Anduvieron perdidos por el desierto, por la soledad sin camino, No hallando ciudad de población. Hambrientos y sedientos, Su alma desfallecía en ellos.

Habiendo empero clamado á Jehová en su angustia, Librólos de sus aflicciones: Y dirigiólos por camino derecho, Para que viniesen á ciudad de población. Alaben la misericordia de Jehová, Y sus maravillas para con los hijos de los hombres. Porque sació al alma menesterosa, Y llenó de bien al alma hambrienta.

Los que moraban en tinieblas y sombra de muerte, Aprisionados en aflicción y en hierros; Por cuanto fueron rebeldes á las palabras de Jehová, Y aborrecieron el consejo del Altísimo. Por lo que quebrantó él con trabajo sus corazones, Cayeron y no hubo quien los ayudase; Luego que clamaron á Jehová en su angustia, Librólos de sus aflicciones. Sacólos de las tinieblas y de la sombra de muerte, Y rompió sus prisiones.

Alaben la misericordia de Jehová, Y sus maravillas para con los hijos de los hombres. Porque quebrantó las puertas de bronce, Y desmenuzó los cerrojos de hierro. Los insensatos, á causa del camino de su rebelión Y á causa de sus maldades, fueron afligidos. Su alma abominó toda vianda, Y llegaron hasta las puertas de la muerte. Mas clamaron á Jehová en su angustia, Y salvólos de sus aflicciones. Envió su palabra, y curólos, Y librólos de su ruina.

Alaben la misericordia de Jehová, Y sus maravillas para con los hijos de los hombres: Y sacrifiquen sacrificios de alabanza, Y publiquen sus obras con júbilo. Los que descienden á la mar en navíos, Y hacen negocio en las muchas aguas, Ellos han visto las obras de Jehová, Y sus maravillas en el profundo. Él dijo , é hizo saltar el viento de la tempestad, Que levanta sus ondas. Suben á los cielos, descienden á los abismos: Sus almas se derriten con el mal. Tiemblan, y titubean como borrachos, Y toda su ciencia es perdida.

Claman empero á Jehová en su angustia, Y líbralos de sus aflicciones. Hace parar la tempestad en sosiego, Y se apaciguan sus ondas. Alégranse luego porque se reposaron; Y él los guía al puerto que deseaban.

Alaben la misericordia de Jehová, Y sus maravillas para con los hijos de los hombres. Y ensálcenlo en la congregación del pueblo; Y en consistorio de ancianos lo alaben. Él vuelve los ríos en desierto, Y los manantiales de las aguas en secadales; La tierra fructífera en salados, Por la maldad de los que la habitan. Vuelve el desierto en estanques de aguas, Y la tierra seca en manantiales. Y allí aposenta á los hambrientos, Y disponen ciudad para habitación; Y siembran campos, y plantan viñas, Y rinden crecido fruto. Y los bendice, y se multiplican en gran manera; Y no disminuye sus bestias. Y luego son menoscabados y abatidos Á causa de tiranía, de males y congojas.

Él derrama menosprecio sobre los príncipes, Y les hace andar errados, vagabundos, sin camino: Y levanta al pobre de la miseria, Y hace multiplicar las familias como rebaños de ovejas.

Vean los rectos, y alégrense; Y toda maldad cierre su boca. ¿Quién es sabio y guardará estas cosas, Y entenderá las misericordias de Jehová?

108

MI corazón está dispuesto, oh Dios; Cantaré y salmearé todavía en mi gloria.

Despiértate, salterio y arpa: Despertaré al alba. Te alabaré, oh Jehová, entre los pueblos; Á ti cantaré salmos entre las naciones. Porque grande más que los cielos es tu misericordia, Y hasta los cielos tu verdad.

Ensálzate, oh Dios, sobre los cielos; Y sobre toda la tierra tu gloria. Para que sean librados tus amados, Salva con tu diestra y respóndeme. Dios habló por su santuario: alegraréme, Repartiré á Sichêm, y mediré el valle de Succoth. Mío es Galaad, mío es Manasés; Y Eprhaim es la fortaleza de mi cabeza; Judá es mi legislador; Moab, la vasija de mi lavatorio: Sobre Edom echaré mi calzado; Regocijaréme sobre Palestina.

¿Quién me guiará á la ciudad fortalecida? ¿Quién me guiará hasta Idumea? Ciertamente tú, oh Dios, que nos habías desechado; Y no salías, oh Dios, con nuestros ejércitos. Danos socorro en la angustia: Porque mentirosa es la salud del hombre.

En Dios haremos proezas; Y él hollará nuestros enemigos.

109

OH Dios de mi alabanza, no calles;

Porque boca de impío y boca de engañador se han abierto sobre mí: Han hablado de mí con lengua mentirosa, Y con palabras de odio me rodearon; Y pelearon contra mí sin causa.

En pago de mi amor me han sido adversarios: Mas yo oraba. Y pusieron contra mí mal por bien, Y odio por amor. Pon sobre él al impío: Y Satán esté á su diestra.

Cuando fuere juzgado, salga impío; Y su oración sea para pecado. Sean sus días pocos: Tome otro su oficio. Sean sus hijos huérfanos, Y su mujer viuda. Y anden sus hijos vagabundos, y mendiguen; Y procuren su pan lejos de sus desolados hogares. Enrede el acreedor todo lo que tiene, Y extraños saqueen su trabajo. No tenga quien le haga misericordia; Ni haya quien tenga compasión de sus huérfanos. Su posteridad sea talada; En segunda generación sea raído su nombre. Venga en memoria cerca de Jehová la maldad de sus padres, Y el pecado de su madre no sea borrado. Estén siempre delante de Jehová, Y él corte de la tierra su memoria.

Por cuanto no se acordó de hacer misericordia, Y persiguió al hombre afligido y menesteroso Y quebrantado de corazón, para matar lo. Y amó la maldición, y vínole; Y no quiso la bendición, y ella se alejó de él. Y vistióse de maldición como de su vestido, Y entró como agua en sus entrañas, Y como aceite en sus huesos. Séale como vestido con que se cubra, Y en lugar de cinto con que se ciña siempre. Éste sea el pago de parte de Jehová de los que me calumnian, Y de los que hablan mal contra mi alma.

Y tú, Jehová Señor, haz conmigo por amor de tu nombre: Líbrame, porque tu misericordia es buena. Porque yo estoy afligido y necesitado; Y mi corazón está herido dentro de mí. Voime como la sombra cuando declina; Soy sacudido como langosta. Mis rodillas están debilitadas á causa del ayuno, Y mi carne desfallecida por falta de gordura. Yo he sido para ellos objeto de oprobio; Mirábanme, y meneaban su cabeza.

Ayúdame, Jehová Dios mío: Sálvame conforme á tu misericordia. Y entiendan que ésta es tu mano; Que tú, Jehová, has hecho esto. Maldigan ellos, y bendice tú: Levántense, mas sean avergonzados, y regocíjese tu siervo. Sean vestidos de ignominia los que me calumnian; Y sean cubiertos de su confusión como con manto.

Yo alabaré á Jehová en gran manera con mi boca, Y le loaré en medio de muchos. Porque él se pondrá á la diestra del pobre, Para librar su alma de los que le juzgan.

110

JEHOVÁ dijo á mi Señor: Siéntate á mi diestra, En tanto que pongo tus enemigos por estrado de tus pies.

La vara de tu fortaleza enviará Jehová desde Sión: Domina en medio de tus enemigos. Tu pueblo seralo de buena voluntad en el día de tu poder, En la hermosura de la santidad: desde el seno de la aurora, Tienes tú el rocío de tu juventud. Juró Jehová, y no se arrepentirá: Tú eres sacerdote para siempre Según el orden de Melchîsedech.

El Señor á tu diestra Herirá á los reyes en el día de su furor: Juzgará en las gentes, Llenará las de cadáveres: Herirá las cabezas en muchas tierras. Del arroyo beberá en el camino: Por lo cual levantará cabeza.

111

ALABARÉ á Jehová con todo el corazón, En la compañía y congregación de los rectos.

Grandes son las obras de Jehová; Buscadas de todos los que las quieren. Gloria y hermosura es su obra; Y su justicia permanece para siempre. Hizo memorables sus maravillas: Clemente y misericordioso es Jehová. Dió mantenimiento á los que le temen; Para siempre se acordará de su pacto. El poder de sus obras anunció á su pueblo, Dándole la heredad de las gentes. Las obras de sus manos son verdad y juicio: Fieles son todos sus mandamientos; Afirmados por siglo de siglo, Hechos en verdad y en rectitud.

Redención ha enviado á su pueblo; Para siempre ha ordenado su pacto: Santo y terrible es su nombre.

El principio de la sabiduría es el temor de Jehová: Buen entendimiento tienen cuantos ponen aquéllos por obra: Su loor permanece para siempre.

112

BIENAVENTURADO el hombre que teme á Jehová, Y en sus mandamientos se deleita en gran manera.

Su simiente será poderosa en la tierra: La generación de los rectos será bendita. Hacienda y riquezas hay en su casa; Y su justicia permanece para siempre. Resplandeció en las tinieblas luz á los rectos: Es clemente, y misericordioso, y justo.

El hombre de bien tiene misericordia y presta; Gobierna sus cosas con juicio. Por lo cual no resbalará para siempre: En memoria eterna será el justo. De mala fama no tendrá temor: Su corazón está apercibido, confiado en Jehová. Asentado está su corazón, no temerá, Hasta que vea en sus enemigos su deseo. Esparce, da á los pobres: Su justicia permanece para siempre; Su cuerno será ensalzado en gloria.

Verálo el impío, y se despechará; Crujirá los dientes, y se repudrirá: Perecerá el deseo de los impíos.

113

ALABAD, siervos de Jehová, Alabad el nombre de Jehová.

Sea el nombre de Jehová bendito, Desde ahora y para siempre. Desde el nacimiento del sol hasta donde se pone, Sea alabado el nombre de Jehová. Alto sobre todas las naciones es Jehová; Sobre los cielos su gloria. ¿Quién como Jehová nuestro Dios, Que ha enaltecido su habitación, Que se humilla á mirar En el cielo y en la tierra?

Él levanta del polvo al pobre, Y al menesteroso alza del estiércol, Para hacerlos sentar con los príncipes, Con los príncipes de su pueblo. Él hace habitar en familia á la estéril, Gozosa en ser madre de hijos. Aleluya.

114

CUANDO salió Israel de Egipto, La casa de Jacob del pueblo bárbaro, Judá fué su consagrada, heredad, Israel su señorío.

La mar vió, y huyó; El Jordán se volvió atrás. Los montes saltaron como carneros: Los collados como corderitos. ¿Qué tuviste, oh mar, que huiste? ¿Y tú, oh Jordán, que te volviste atrás? Oh montes, ¿por qué saltasteis como carneros, Y vosotros, collados, como corderitos?

Á la presencia del Señor tiembla la tierra, Á la presencia del Dios de Jacob; Él cual tornó la peña en estanque de aguas, Y en fuente de aguas la roca.

115

NO á nosotros, oh Jehová, no á nosotros, Sino á tu nombre da gloria; Por tu misericordia, por tu verdad.

Por qué dirán las gentes: ¿Dónde está ahora su Dios? Y nuestro Dios está en los cielos: Todo lo que quiso ha hecho. Sus ídolos son plata y oro, Obra de manos de hombres. Tienen boca, mas no hablarán; Tienen ojos, mas no verán; Orejas tienen, mas no oirán; Tienen narices, mas no olerán; Manos tienen, mas no palparán; Tienen pies, mas no andarán; No hablarán con su garganta.

Como ellos son los que los hacen; Cualquiera que en ellos confía. Oh Israel, confía en Jehová: Él es su ayuda y su escudo. Casa de Aarón, confiad en Jehová: Él es su ayuda y su escudo. Los que teméis á Jehová, confiad en Jehová: Él es su ayuda y su escudo.

Jehová se acordó de nosotros: nos bendecirá: Bendecirá á la casa de Israel; Bendecirá á la casa de Aarón. Bendecirá á los que temen á Jehová; Á chicos y á grandes. Acrecentará Jehová bendición sobre vosotros; Sobre vosotros y sobre vuestros hijos.

Benditos vosotros de Jehová, Que hizo los cielos y la tierra. Los cielos son los cielos de Jehová: Y ha dado la tierra á los hijos de los hombres. No alabarán los muertos á JAH, Ni cuantos descienden al silencio; Mas nosotros bendeciremos á JAH, Desde ahora para siempre. Aleluya.

116

AMO á Jehová, pues ha oído Mi voz y mis súplicas.

Porque ha inclinado á mí su oído, Invocaré, le por tanto en todos mis días. Rodeáronme los dolores de la muerte, Me encontraron las angustias del sepulcro: Angustia y dolor había yo hallado. Entonces invoqué el nombre de Jehová, diciendo: Libra ahora, oh Jehová, mi alma.

Clemente es Jehová y justo; Sí, misericordioso es nuestro Dios. Jehová guarda á los sinceros: Estaba yo postrado, y salvóme. Vuelve, oh alma mía, á tu reposo; Porque Jehová te ha hecho bien. Pues tú has librado mi alma de la muerte, Mis ojos de lágrimas, Y mis pies de desbarrar. Andaré delante de Jehová En la tierra de los vivientes.

Creí; por tanto hablé, Estando afligido en gran manera. Y dije en mi apresuramiento: Todo hombre es mentiroso. ¿Qué pagaré á Jehová Por todos sus beneficios para conmigo? Tomaré la copa de la salud, É invocaré el nombre de Jehová. Ahora pagaré mis votos á Jehová Delante de todo su pueblo. Estimada es en los ojos de Jehová La muerte de sus santos.

Oh Jehová, que yo soy tu siervo, Yo tu siervo, hijo de tu sierva: Rompiste mis prisiones. Te ofreceré sacrificio de alabanza, É invocaré el nombre de Jehová.

Á Jehová pagaré ahora mis votos Delante de todo su pueblo; En los atrios de la casa de Jehová, medio de ti, oh Jerusalem.
Aleluya.

117

ALABAD á Jehová, naciones todas; Pueblos todos, alabadle.

Porque ha engrandecido sobre nosotros su misericordia; Y la verdad de Jehová es para siempre.
Aleluya.

118

ALABAD á Jehová, porque es bueno; Porque para siempre es su misericordia.

Diga ahora Israel: Que para siempre es su misericordia. Diga ahora la casa de Aarón: Que para siempre es su misericordia. Digan ahora los que temen á Jehová: Que para siempre es su misericordia.

Desde la angustia invoqué á JAH; Y respondióme JAH, poniéndome en anchura. Jehová está por mí: no temeré Lo que me pueda hacer el hombre. Jehová está por mí entre los que me ayudan: Por tanto yo veré mi deseo en los que me aborrecen.

Mejor es esperar en Jehová Que esperar en hombre. Mejor es esperar en Jehová Que esperar en príncipes. Todas las gentes me cercaron: En nombre de Jehová, que yo los romperé. Cercáronme y asediáronme: En nombre de Jehová, que yo los romperé. Cercáronme como abejas; fueron apagados como fuegos de espinos: En nombre de Jehová, que yo los romperé. Empujásteme con violencia para que cayese: Empero ayudóme Jehová.

Mi fortaleza y mi canción es JAH; Y él me ha sido por salud. Voz de júbilo y de salvación hay en las tiendas de los justos: La diestra de Jehová hace proezas. La diestra de Jehová sublime: La diestra de Jehová hace valentías. No moriré, sino que viviré, Y contaré las obras de JAH. Castigóme gravemente JAH: Mas no me entregó á la muerte.

Abridme las puertas de la justicia: Entraré por ellas, alabaré á JAH. Esta puerta de Jehová, Por ella entrarán los justos. Te alabaré porque me has oído, Y me fuiste por salud. La piedra que desecharon los edificadores, Ha venido á ser cabeza del ángulo. De parte de Jehová es esto: Es maravilla en nuestros ojos.

Éste es el día que hizo Jehová Nos gozaremos y alegraremos en él. Oh Jehová, salva ahora, te ruego: Oh Jehová, ruégote hagas prosperar ahora. Bendito el que viene en nombre de Jehová: Desde la casa de Jehová os bendecimos. Dios es Jehová que nos ha resplandecido: Atad víctimas con cuerdas á los cuernos del altar.

Mi Dios eres tú, y á ti alabaré: Dios mío, á ti ensalzaré. Alabad á Jehová porque es bueno; Porque para siempre es su misericordia.

119

ALEPH.

BIENAVENTURADOS los perfectos de camino; Los que andan en la ley de Jehová. Bienaventurados los que guardan sus testimonios, Y con todo el corazón le buscan: Pues no hacen iniquidad Los que andan en sus caminos. Tú encargaste Que sean muy guardados tus mandamientos.

¡Ojalá fuesen ordenados mis caminos Á observar tus estatutos! Entonces no sería yo avergonzado, Cuando atendiese á todos tus mandamientos. Te alabaré con rectitud de corazón, Cuando aprendiere los juicios de tu justicia.

Tus estatutos guardaré: No me dejes enteramente.

BETH.

¿Con qué limpiará el joven su camino? Con guardar tu palabra. Con todo mi corazón te he buscado: No me dejes divagar de tus mandamientos. En mi corazón he guardado tus dichos, Para no pecar contra ti.

Bendito tú, oh Jehová: Enséñame tus estatutos. Con mis labios he contado Todos los juicios de tu boca. Heme gozado en el camino de tus testimonios, Como sobre toda riqueza. En tus mandamientos meditaré,

Consideraré tus caminos.
Recrearéme en tus estatutos: No me olvidaré de tus palabras.

GIMEL.
Haz bien á tu siervo; que viva Y guarde tu palabra. Abre mis ojos, y miraré Las maravillas de tu ley. Advenedizo soy yo en la tierra: No encubras de mí tus mandamientos. Quebrantada está mi alma de desear Tus juicios en todo tiempo. Destruiste á los soberbios malditos, Que se desvían de tus mandamientos.
Aparta de mí oprobio y menosprecio; Porque tus testimonios he guardado. Príncipes también se sentaron y hablaron contra mí: Mas tu siervo meditaba en tus estatutos.
Pues tus testimonios son mis deleites, Y mis consejeros.

DALETH.
Pegóse al polvo mi alma: Vivifícame según tu palabra. Mis caminos te conté, y me has respondido: Enséñame tus estatutos. Hazme entender el camino de tus mandamientos, Y hablaré de tus maravillas. Deshácese mi alma de ansiedad: Corrobórame según tu palabra.
Aparta de mí camino de mentira; Y hazme la gracia de tu ley. Escogí el camino de la verdad; He puesto tus juicios delante de mí. Allegádome he á tus testimonios; Oh Jehová, no me avergüences. Por el camino de tus mandamientos correré, Cuando ensanchares mi corazón.

HE.
Enséñame, oh Jehová, el camino de tus estatutos, Y guardarélo hasta el fin. Dame entendimiento, y guardaré tu ley; Y la observaré de todo corazón. Guíame por la senda de tus mandamientos; Porque en ella tengo mi voluntad.
Inclina mi corazón á tus testimonios, Y no á la avaricia. Aparta mis ojos, que no vean la vanidad; Avívame en tu camino. Confirma tu palabra á tu siervo, Que te teme. Quita de mí el oprobio que he temido: Porque buenos son tus juicios.
He aquí yo he codiciado tus mandamientos: Vivifícame en tu justicia.

VAV.
Y venga á mí tu misericordia, oh Jehová; Tu salud, conforme á tu dicho.
Y daré por respuesta á mi avergonzador, Que en tu palabra he confiado.
Y no quites de mi boca en ningún tiempo la palabra de verdad; Porque á tu juicio espero.
Y guardaré tu ley siempre, Por siglo de siglo. Y andaré en anchura, Porque busqué tus mandamientos. Y hablaré de tus testimonios delante

de los reyes, Y no me avergonzaré. Y deleitaréme en tus mandamientos, Que he amado.

Alzaré asimismo mis manos á tus mandamientos que amé; Y meditaré en tus estatutos.

ZAYIN.

Acuérdate de la palabra dada á tu siervo, En la cual me has hecho esperar. Ésta es mi consuelo en mi aflicción: Porque tu dicho me ha vivificado. Los soberbios se burlaron mucho de mí: Mas no me he apartado de tu ley.

Acordéme, oh Jehová, de tus juicios antiguos, Y consoléme. Horror se apoderó de mí, á causa De los impíos que dejan tu ley. Cánticos me fueron tus estatutos En la mansión de mis peregrinaciones. Acordéme en la noche de tu nombre, oh Jehová, Y guardé tu ley.

Esto tuve, Porque guardaba tus mandamientos.

JET.

Mi porción, oh Jehová, Dije, será guardar tus palabras. Tu presencia supliqué de todo corazón: Ten misericordia de mí según tu palabra. Consideré mis caminos, Y torné mis pies á tus testimonios. Apresuréme, y no me retardé En guardar tus mandamientos.

Compañía de impíos me han robado: Mas no me he olvidado de tu ley. Á media noche me levantaba á alabarte Sobre los juicios de tu justicia. Compañero soy yo de todos los que te temieren Y guardaren tus mandamientos.

De tu misericordia, oh Jehová, está llena la tierra: Enséñame tus estatutos.

TETH.

Bien has hecho con tu siervo, Oh Jehová, conforme á tu palabra. Enséñame bondad de sentido y sabiduría; Porque tus mandamientos he creído. Antes que fuera yo humillado, descarriado andaba; Mas ahora guardo tu palabra.

Bueno eres tú, y bienhechor: Enséñame tus estatutos. Contra mí forjaron mentira los soberbios: Mas yo guardaré de todo corazón tus mandamientos. Engrasóse el corazón de ellos como sebo; Mas yo en tu ley me he deleitado. Bueno me es haber sido humillado, Para que aprenda tus estatutos.

Mejor me es la ley de tu boca, Que millares de oro y plata.

YOD.

Tus manos me hicieron y me formaron: Hazme entender, y aprenderé tus mandamientos. Los que te temen, me verán, y se alegrarán; Porque en tu palabra he esperado. Conozco, oh Jehová, que tus juicios son justicia, Y que conforme á tu fidelidad me afligiste. Sea ahora tu misericordia para consolarme, Conforme á lo que has dicho á tu siervo. Vengan á mí tus misericordias, y viva; Porque tu ley es mi deleite. Sean avergonzados los soberbios, porque sin causa me han calumniado: Yo empero, meditaré en tus mandamientos. Tórnense á mí los que te temen Y conocen tus testimonios. Sea mi corazón íntegro en tus estatutos; Porque no sea yo avergonzado.

KAF.

Desfallece mi alma por tu salud, Esperando en tu palabra. Desfallecieron mis ojos por tu palabra, Diciendo: ¿Cuándo me consolarás? Porque estoy como el odre al humo; Mas no he olvidado tus estatutos. ¿Cuántos son los días de tu siervo? ¿Cuándo harás juicio contra los que me persiguen?
Los soberbios me han cavado hoyos; Mas no obran según tu ley. Todos tus mandamientos son verdad: Sin causa me persiguen; ayúdame. Casi me han echado por tierra: Mas yo no he dejado tus mandamientos.
Vivifícame conforme á tu misericordia; Y guardaré los testimonios de tu boca.

LAMED.

Para siempre, oh Jehová, Permanece tu palabra en los cielos. Por generación y generación es tu verdad: Tú afirmaste la tierra, y persevera. Por tu ordenación perseveran hasta hoy las cosas criadas; Porque todas ellas te sirven. Si tu ley no hubiese sido mis delicias, Ya en mi aflicción hubiera perecido.
Nunca jamás me olvidaré de tus mandamientos; Porque con ellos me has vivificado. Tuyo soy yo, guárdame; Porque he buscado tus mandamientos. Los impíos me han aguardado para destruirme: Mas yo entenderé en tus testimonios.
Á toda perfección he visto fin: Ancho sobremanera es tu mandamiento.

MEM.

¡Cuánto amo yo tu ley! Todo el día es ella mi meditación. Me has hecho más sabio que mis enemigos con tus mandamientos; Porque me son eternos. Más que todos mis enseñadores he entendido: Porque tus testimonios son mi meditación.
Más que los viejos he entendido, Porque he guardado tus mandamientos. De todo mal camino contuve mis pies, Para guardar tu palabra. No me aparté de tus juicios; Porque tú me enseñaste. ¡Cuán

dulces son á mi paladar tus palabras! Más que la miel á mi boca.
De tus mandamientos he adquirido inteligencia: Por tanto he aborrecido
todo camino de mentira.

NUN.

Lámpara es á mis pies tu palabra, Y lumbrera á mi camino. Juré y
ratifiqué El guardar los juicios de tu justicia. Afligido estoy en gran
manera: oh Jehová, Vivifícame conforme á tu palabra. Ruégote, oh
Jehová, te sean agradables los sacrificios voluntarios de mi boca; Y
enséñame tus juicios.
De continuo está mi alma en mi mano: Mas no me he olvidado de tu
ley. Pusiéronme lazo los impíos: Empero yo no me desvié de tus
mandamientos. Por heredad he tomado tus testimonios para siempre;
Porque son el gozo de mi corazón.
Mi corazón incliné á poner por obra tus estatutos De continuo, hasta el
fin.

SAMECH.

Los pensamientos vanos aborrezco; Mas amo tu ley. Mi escondedero y
mi escudo eres tú: En tu palabra he esperado. Apartaos de mí, malignos;
Pues yo guardaré los mandamientos de mi Dios. Susténtame conforme á
tu palabra, y viviré: Y no me avergüences de mi esperanza.
Sosténme, y seré salvo; Y deleitaréme siempre en tus estatutos. Hollaste
á todos los que se desvían de tus estatutos: Porque mentira es su
engaño. Como escorias hiciste consumir á todos los impíos de la tierra:
Por tanto yo he amado tus testimonios.
Mi carne se ha extremecido por temor de ti; Y de tus juicios tengo
miedo.

AIN.

Juicio y justicia he hecho; No me dejes á mis opresores. Responde por
tu siervo para bien: No me hagan violencia los soberbios. Mis ojos
desfallecieron por tu salud, Y por el dicho de tu justicia. Haz con tu
siervo según tu misericordia, Y enséñame tus estatutos.
Tu siervo soy yo, dame entendimiento; Para que sepa tus testimonios.
Tiempo es de hacer, oh Jehová; Disipado han tu ley. Por eso he amado
tus mandamientos Más que el oro, y más que oro muy puro.
Por eso todos los mandamientos de todas las cosas estimé rectos:
Aborrecí todo camino de mentira.

PE.

Maravillosos son tus testimonios: Por tanto los ha guardado mi alma. El

principio de tus palabras alumbra; Hace entender á los simples. Mi boca abrí y suspiré; Porque deseaba tus mandamientos. Mírame, y ten misericordia de mí, Como acostumbras con los que aman tu nombre.
Ordena mis pasos con tu palabra; Y ninguna iniquidad se enseñoree de mí. Redímeme de la violencia de los hombres; Y guardaré tus mandamientos. Haz que tu rostro resplandezca sobre tu siervo; Y enséñame tus estatutos.
Ríos de agua descendieron de mis ojos, Porque no guardaban tu ley.

TZADDI. Justo eres tú, oh Jehová, Y rectos tus juicios. Tus testimonios, que has recomendado, Son rectos y muy fieles. Mi celo me ha consumido; Porque mis enemigos se olvidaron de tus palabras. Sumamente acendrada es tu palabra; Y la ama tu siervo.
Pequeño soy yo y desechado; Mas no me he olvidado de tus mandamientos. Tu justicia es justicia eterna, Y tu ley la verdad. Aflicción y angustia me hallaron: Mas tus mandamientos fueron mis deleites.
Justicia eterna son tus testimonios; Dame entendimiento, y viviré.

COPH.
Clamé con todo mi corazón; respóndeme, Jehová, Y guardaré tus estatutos. Á ti clamé; sálvame, Y guardaré tus testimonios. Anticipéme al alba, y clamé: Esperé en tu palabra. Previnieron mis ojos las vigilias de la noche, Para meditar en tus dichos.
Oye mi voz conforme á tu misericordia; Oh Jehová, vivifícame conforme á tu juicio. Acercáronse á la maldad los que me persiguen; Alejáronse de tu ley. Cercano estás tú, oh Jehová; Y todos tus mandamientos son verdad.
Ya ha mucho que he entendido de tus mandamientos, Que para siempre los fundaste.

RESH.
Mira mi aflicción, y líbrame; Porque de tu ley no me he olvidado. Aboga mi causa, y redímeme: Vivifícame con tu dicho. Lejos está de los impíos la salud; Porque no buscan tus estatutos. Muchas son tus misericordias, oh Jehová: Vivifícame conforme á tus juicios.
Muchos son mis perseguidores y mis enemigos; Mas de tus testimonios no me he apartado. Veía á los prevaricadores, y carcomíame; Porque no guardaban tus palabras. Mira, oh Jehová, que amo tus mandamientos: Vivifícame conforme á tu misericordia.
El principio de tu palabra es verdad; Y eterno es todo juicio de tu justicia.

SIN.

Príncipes me han perseguido sin causa; Mas mi corazón tuvo temor de tus palabras. Gózome yo en tu palabra, Como el que halla muchos despojos. La mentira aborrezco y abomino: Tu ley amo. Siete veces al día te alabo Sobre los juicios de tu justicia.

Mucha paz tienen los que aman tu ley; Y no hay para ellos tropiezo. Tu salud he esperado, oh Jehová; Y tus mandamientos he puesto por obra. Mi alma ha guardado tus testimonios, Y helos amado en gran manera.

Guardado he tus mandamientos y tus testimonios; Porque todos mis caminos están delante de ti.

TAU.

Acérquese mi clamor delante de ti, oh Jehová: Dame entendimiento conforme á tu palabra. Venga mi oración delante de ti: Líbrame conforme á tu dicho. Mis labios rebosarán alabanza, Cuando me enseñares tus estatutos.

Hablará mi lengua tus dichos; Porque todos tus mandamientos son justicia. Sea tu mano en mi socorro; Porque tus mandamientos he escogido. Deseado he tu salud, oh Jehová; Y tu ley es mi delicia. Viva mi alma y alábete; Y tus juicios me ayuden.

Yo anduve errante como oveja extraviada; busca á tu siervo; Porque no me he olvidado de tus mandamientos.

120

Á JEHOVÁ llamé estando en angustia, Y él me respondió. Libra mi alma, oh Jehová, de labio mentiroso, De la lengua fraudulenta. ¿Qué te dará, ó qué te aprovechará, Oh lengua engañosa?

Agudas saetas de valiente, Con brasas de enebro. ¡Ay de mí, que peregrino en Mesech, Y habito entre las tiendas de Kedar! Mucho se detiene mi alma Con los que aborrecen la paz.

Yo soy pacífico: Mas ellos, así que hablo, me hacen guerra.

121

ALZARÉ mis ojos á los montes, De donde vendrá mi socorro.

Mi socorro viene de Jehová, Que hizo los cielos y la tierra. No dará tu pie al resbaladero; Ni se dormirá el que te guarda. He aquí, no se adormecerá ni dormirá El que guarda á Israel.

Jehová es tu guardador: Jehová es tu sombra á tu mano derecha. El sol no te fatigará de día, Ni la luna de noche. Jehová te guardará de todo mal: Él guardará tu alma.

Jehová guardará tu salida y tu entrada, Desde ahora y para siempre.

122

YO me alegré con los que me decían: Á la casa de Jehová iremos.
Nuestros pies estuvieron En tus puertas, oh Jerusalem; Jerusalem, que
se ha edificado Como una ciudad que está bien unida entre sí.
Y allá subieron las tribus, las tribus de JAH, Conforme al testimonio
dado á Israel, Para alabar el nombre de Jehová. Porque allá están las
sillas del juicio, Las sillas de la casa de David.
Pedid la paz de Jerusalem: Sean prosperados los que te aman. Haya paz
en tu antemuro, Y descanso en tus palacios. Por amor de mis hermanos
y mis compañeros Hablaré ahora paz de ti.
Á causa de la casa de Jehová nuestro Dios, Buscaré bien para ti.

123

Á TI que habitas en los cielos, Alcé mis ojos.
He aquí como los ojos de los siervos miran á la mano de sus señores, Y
como los ojos de la sierva á la mano de su señora; Así nuestros ojos
miran á Jehová nuestro Dios, Hasta que haya misericordia de nosotros.
Ten misericordia de nosotros, oh Jehová, ten misericordia de nosotros;
Porque estamos muy hartos de menosprecio.
Muy harta está nuestra alma Del escarnio de los holgados, Y del
menosprecio de los soberbios.

124

Á NO haber estado Jehová por nosotros, Diga ahora Israel; Á no haber
estado Jehová por nosotros, Cuando se levantaron contra nosotros los
hombres, Vivos nos habrían entonces tragado, Cuando se encendió su
furor en nosotros.
Entonces nos habrían inundado las aguas; Sobre nuestra alma hubiera
pasado el torrente: Hubieran entonces pasado sobre nuestra alma las
aguas soberbias. Bendito Jehová, Que no nos dió por presa á sus
dientes. Nuestra alma escapó cual ave del lazo de los cazadores:
Quebróse el lazo, y escapamos nosotros.
Nuestro socorro es en el nombre de Jehová, Que hizo el cielo y la tierra.

125

LOS que confían en Jehová Son como el monte de Sión que no
deslizará: estará para siempre.
Como Jerusalem tiene montes alrededor de ella, Así Jehová alrededor
de su pueblo Desde ahora y para siempre. Porque no reposará la vara de
la impiedad sobre la suerte de los justos; Porque no extiendan los justos
sus manos á la iniquidad.

Haz bien, oh Jehová, á los buenos, Y á los que son rectos en sus corazones. Mas á los que se apartan tras sus perversidades, Jehová los llevará con los que obran iniquidad:
Y paz sea sobre Israel.

126

CUANDO Jehová hiciere tornar la cautividad de Sión, Seremos como los que sueñan.

Entonces nuestra boca se henchirá de risa, Y nuestra lengua de alabanza; Entonces dirán entre las gentes: Grandes cosas ha hecho Jehová con éstos. Grandes cosas ha hecho Jehová con nosotros; Estaremos alegres. Haz volver nuestra cautividad oh Jehová, Como los arroyos en el austro.

Los que sembraron con lágrimas, con regocijo segarán. Irá andando y llorando el que lleva la preciosa simiente; Mas volverá á venir con regocijo, trayendo sus gavillas.

127

SI Jehová no edificare la casa, En vano trabajan los que la edifican: Si Jehová no guardare la ciudad, En vano vela la guarda.

Por demás os es el madrugar á levantaros, el veniros tarde á reposar, El comer pan de dolores: Pues que á su amado dará Dios el sueño.

He aquí, heredad de Jehová son los hijos: Cosa de estima el fruto del vientre. Como saetas en mano del valiente, Así son los hijos habidos en la juventud.

Bienaventurado el hombre que hinchió su aljaba de ellos: No será avergonzado Cuando hablare con los enemigos en la puerta.

128

BIENAVENTURADO todo aquel que teme á Jehová, Que anda en sus caminos.

Cuando comieres el trabajo de tus manos, Bienaventurado tú, y tendrás bien. Tu mujer será como parra que lleva fruto á los lados de tu casa; Tus hijos como plantas de olivas alrededor de tu mesa. He aquí que así será bendito el hombre Que teme á Jehová.

Bendígate Jehová desde Sión, Y veas el bien de Jerusalem todos los días de tu vida. Y veas los hijos de tus hijos, Y la paz sobre Israel.

129

MUCHO me han angustiado desde mi juventud, Puede decir ahora Israel; Mucho me han angustiado desde mi juventud; Mas no prevalecieron contra mí.

Sobre mis espaldas araron los aradores: Hicieron largos surcos. Jehová es justo; Cortó las coyundas de los impíos. Serán avergonzados y vueltos atrás Todos los que aborrecen á Sión.

Serán como la hierba de los tejados, Que se seca antes que crezca: De la cual no hinchió segador su mano, Ni sus brazos el que hace gavillas. Ni dijeron los que pasaban: Bendición de Jehová sea sobre vosotros; Os bendecimos en el nombre de Jehová.

130

DE los profundos, oh Jehová, á ti clamo.

Señor, oye mi voz; Estén atentos tus oídos Á la voz de mi súplica. JAH, si mirares á los pecados, ¿Quién, oh Señor, podrá mantenerse? Empero hay perdón cerca de ti, Para que seas temido.

Esperé yo á Jehová, esperó mi alma; En su palabra he esperado. Mi alma espera á Jehová Más que los centinelas á la mañana. Más que los vigilantes á la mañana. Espere Israel á Jehová; Porque en Jehová hay misericordia. Y abundante redención con él.

Y él redimirá á Israel De todos sus pecados.

131

JEHOVÁ, no se ha envanecido mi corazón, ni mis ojos se enaltecieron; Ni anduve en grandezas, Ni en cosas para mí demasiado sublimes.

En verdad que me he comportado y he acallado mi alma, Como un niño destetado de su madre: Como un niño destetado está mi alma.

Espera, oh Israel, en Jehová Desde ahora y para siempre.

132

ACUÉRDATE, oh Jehová, de David, Y de toda su aflicción;

Que juró él á Jehová, Prometió al Fuerte de Jacob: No entraré en la morada de mi casa, Ni subiré sobre el lecho de mi estrado; No daré sueño á mis ojos, Ni á mis párpados adormecimiento. Hasta que halle lugar para Jehová, Moradas para el Fuerte de Jacob.

He aquí, en Ephrata oímos de ella: Hallámosla en los campos del bosque. Entraremos en sus tiendas; Encorvarnos hemos al estrado de sus pies. Levántate, oh Jehová, á tu reposo; Tú y el arca de tu fortaleza. Tus sacerdotes se vistan de justicia, Y regocíjense tus santos.

Por amor de David tu siervo No vuelvas de tu ungido el rostro. En verdad juró Jehová á David, No se apartará de ellos: Del fruto de tu vientre pondré sobre tu trono. Si tus hijos guardaren mi alianza, Y mi testimonio que yo les enseñaré, Sus hijos también se sentarán sobre tu trono para siempre.

Porque Jehová ha elegido á Sión; Deseóla por habitación para sí. Éste es mi reposo para siempre: Aquí habitaré, porque la he deseado. Á su mantenimiento daré bendición: Sus pobres saciaré de pan. Asimismo vestiré á sus sacerdotes de salud, Y sus santos darán voces de júbilo. Allí haré reverdecer el cuerno de David: He prevenido lámpara á mi ungido.

Á sus enemigos vestiré de confusión: Mas sobre él florecerá su corona.

133

¡MIRAD cuán bueno y cuán delicioso es Habitar los hermanos igualmente en uno! Es como el buen óleo sobre la cabeza, El cual desciende sobre la barba, La barba de Aarón, Y que baja hasta el borde de sus vestiduras; Como el rocío de Hermón,

Que desciende sobre los montes de Sión: Porque allí envía Jehová bendición, Y vida eterna.

134

MIRAD, bendecid á Jehová, Vosotros todos los siervos de Jehová, Los que en la casa de Jehová estáis por las noches. Alzad vuestras manos al santuario, Y bendecid á Jehová.

Bendígate Jehová desde Sión, El cual ha hecho los cielos y la tierra.

135

ALABAD el nombre de Jehová; Alabad le, siervos de Jehová; Los que estáis en la casa de Jehová, En los atrios de la casa de nuestro Dios. Alabad á JAH, porque es bueno Jehová: Cantad salmos á su nombre, porque es suave. Porque JAH ha escogido á Jacob para sí, Á Israel por posesión suya.

Porque yo se que Jehová es grande, Y el Señor nuestro, mayor que todos los dioses. Todo lo que quiso Jehová, ha hecho En los cielos y en la tierra, en las mares y en todos los abismos. Él hace subir las nubes del cabo de la tierra; Él hizo los relámpagos para la lluvia; Él saca los vientos de sus tesoros. Él es el que hirió los primogénitos de Egipto, Desde el hombre hasta la bestia. Envió señales y prodigios en medio de ti, oh Egipto, Sobre Faraón, y sobre todos sus siervos.

El que hirió muchas gentes, Y mató reyes poderosos: Á Sehón rey Amorrheo, Y á Og rey de Basán, Y á todos los reinos de Canaán. Y dió la tierra de ellos en heredad, En heredad á Israel su pueblo. Oh Jehová, eterno es tu nombre; Tu memoria, oh Jehová para generación y generación. Porque juzgará Jehová su pueblo, Y arrepentiráse sobre sus siervos.

Los ídolos de las gentes son plata y oro, Obra de manos de hombres. Tienen boca, y no hablan; Tienen ojos, y no ven; Tienen orejas, y no oyen; Tampoco hay espíritu en sus bocas. Como ellos son los que los hacen; Todos los que en ellos confían.

Casa de Israel, bendecid á Jehová: Casa de Aarón, bendecid á Jehová: Casa de Leví, bendecid á Jehová: Los que teméis á Jehová, bendecid á Jehová: Bendito de Sión Jehová, Que mora en Jerusalem.
Aleluya.

136

ALABAD á Jehová, porque es bueno; Porque para siempre es su misericordia.

Alabad al Dios de los dioses, Porque para siempre es su misericordia.
Alabad al Señor de los señores, Porque para siempre es su misericordia.
Al solo que hace grandes maravillas, Porque para siempre es su misericordia.

Al que hizo los cielos con entendimiento, Porque para siempre es su misericordia. Al que tendió la tierra sobre las aguas, Porque para siempre es su misericordia; Al que hizo las grandes luminarias, Porque para siempre es su misericordia; El sol para que dominase en el día, Porque para siempre es su misericordia; La luna y las estrellas para que dominasen en la noche, Porque para siempre es su misericordia.

Al que hirió á Egipto en sus primogénitos, Porque para siempre es su misericordia. Al que sacó á Israel de en medio de ellos, Porque para siempre es su misericordia; Con mano fuerte, y brazo extendido, Porque para siempre es su misericordia. Al que dividió el mar Bermejo en partes, Porque para siempre es su misericordia; É hizo pasar á Israel por medio de él, Porque para siempre es su misericordia; Y arrojó á Faraón y á su ejército en el mar Bermejo, Porque para siempre es su misericordia. Al que pastoreó á su pueblo por el desierto, Porque para siempre es su misericordia.

Al que hirió grandes reyes, Porque para siempre es su misericordia; Y mató reyes poderosos, Porque para siempre es su misericordia; Á Sehón rey Amorrheo, Porque para siempre es su misericordia, Y á Og rey de Basán, Porque para siempre es su misericordia; Y dió la tierra de ellos en heredad, Porque para siempre es su misericordia; En heredad á Israel su siervo, Porque para siempre es su misericordia.

Él es el que en nuestro abatimiento se acordó de nosotros, Porque para siempre es su misericordia; Y nos rescató de nuestros enemigos, Porque para siempre es su misericordia. Él da mantenimiento á toda carne, Porque para siempre es su misericordia.

Alabad al Dios de los cielos: Porque para siempre es su misericordia.

137

JUNTO á los ríos de Babilonia, Allí nos sentábamos, y aun llorábamos, Acordándonos de Sión.

Sobre los sauces en medio de ella Colgamos nuestras arpas. Y los que allí nos habían llevado cautivos nos pedían que cantásemos, Y los que nos habían desolado nos pedían alegría, diciendo: Cantadnos algunos de los himnos de Sión. ¿Cómo cantaremos canción de Jehová En tierra de extraños?

Si me olvidare de ti, oh Jerusalem, Mi diestra sea olvidada. Mi lengua se pegue á mi paladar, Si de ti no me acordare; Si no ensalzare á Jerusalem Como preferente asunto de mi alegría. Acuérdate, oh Jehová, de los hijos de Edom En el día de Jerusalem; Quienes decían: Arrasadla, arrasadla Hasta los cimientos.

Hija de Babilonia destruída, Bienaventurado el que te diere el pago De lo que tú nos hiciste. Bienaventurado el que tomará y estrellará tus niños Contra las piedras.

138

ALABARTE he con todo mi corazón: Delante de los dioses te cantaré salmos.

Encorvaréme al templo de tu santuario, Y alabaré tu nombre por tu misericordia y tu verdad: Porque has hecho magnífico tu nombre, y tu dicho sobre todas las cosas.

En el día que clamé, me respondiste; Esforzásteme con fortaleza en mi alma. Confesarte han, oh Jehová, todos los reyes de la tierra, Cuando habrán oído los dichos de tu boca. Y cantarán de los caminos de Jehová: Que la gloria de Jehová es grande. Porque el alto Jehová atiende al humilde; Mas al altivo mira de lejos.

Si anduviere yo en medio de la angustia, tú me vivificarás: Contra la ira de mis enemigos extenderás tu mano, Y salvaráme tu diestra.

Jehová cumplirá por mí: Tu misericordia, oh Jehová, es para siempre; No dejarás la obra de tus manos.

139

OH Jehová, tú me has examinado y conocido. Tú has conocido mi sentarme y mi levantarme, Has entendido desde lejos mis pensamientos. Mi senda y mi acostarme has rodeado, Y estás impuesto en todos mis caminos. Pues aun no está la palabra en mi lengua, Y he aquí, oh Jehová, tú la sabes toda.

Detrás y delante me guarneciste, Y sobre mí pusiste tu mano. Más maravillosa es la ciencia que mi capacidad; Alta es, no puedo comprenderla. ¿Adónde me iré de tu espíritu? ¿Y adónde huiré de tu

presencia?
Si subiere á los cielos, allí estás tú: Y si en abismo hiciere mi estrado, he aquí allí tú estás. Si tomare las alas del alba, Y habitare en el extremo de la mar, Aun allí me guiará tu mano, Y me asirá tu diestra. Si dijere: Ciertamente las tinieblas me encubrirán; Aun la noche resplandecerá tocante á mí. Aun las tinieblas no encubren de ti, Y la noche resplandece como el día: Lo mismo te son las tinieblas que la luz. Porque tú poseíste mis riñones; Cubrísteme en el vientre de mi madre. Te alabaré; porque formidables, maravillosas son tus obras: Estoy maravillado, Y mi alma lo conoce mucho. No fué encubierto de ti mi cuerpo, Bien que en oculto fuí formado, Y compaginado en lo más bajo de la tierra. Mi embrión vieron tus ojos, Y en tu libro estaban escritas todas aquellas cosas Que fueron luego formadas, Sin faltar una de ellas. Así que ¡cuán preciosos me son, oh Dios, tus pensamientos! ¡Cuán multiplicadas son sus cuentas! Si los cuento, multiplícanse más que la arena: Despierto, y aun estoy contigo. De cierto, oh Dios, matarás al impío; Apartaos pues de mí, hombres sanguinarios. Porque blasfemias dicen ellos contra ti: Tus enemigos toman en vano tu nombre ¿No tengo en odio, oh Jehová, á los que te aborrecen, Y me conmuevo contra tus enemigos? Aborrézcolos con perfecto odio; Téngolos por enemigos.
Examíname, oh Dios, y conoce mi corazón: Pruébame y reconoce mis pensamientos: Y ve si hay en mí camino de perversidad, Y guíame en el camino eterno.

140
LÍBRAME, oh Jehová, de hombre malo: Guárdame de hombre violento; Los cuales maquinan males en el corazón, Cada día urden contiendas.
Aguzaron su lengua como la serpiente; Veneno de áspid hay debajo de sus labios. (Selah.)
Guárdame, oh Jehová, de manos del impío, Presérvame del hombre injurioso; Que han pensado de trastornar mis pasos. Hanme escondido lazo y cuerdas los soberbios; Han tendido red junto á la senda; Me han puesto lazos. (Selah.)
He dicho á Jehová: Dios mío eres tú; Escucha, oh Jehová, la voz de mis ruegos. Jehová Señor, fortaleza de mi salud, Tú pusiste á cubierto mi cabeza el día de las armas. No des, oh Jehová, al impío sus deseos; No saques adelante su pensamiento, que no se ensoberbezca. (Selah.)
En cuanto á los que por todas partes me rodean, La maldad de sus propios labios cubrirá su cabeza. Caerán sobre ellos brasas; Dios los hará caer en el fuego, En profundos hoyos de donde no salgan. El hombre deslenguado no será firme en la tierra: El mal cazará al hombre

injusto para derribarle. Yo sé que hará Jehová el juicio del afligido, El juicio de los menesterosos.

Ciertamente los justos alabarán tu nombre; Los rectos morarán en tu presencia.

141

JEHOVÁ, á ti he clamado; apresúrate á mí; Escucha mi voz, cuando te invocare.

Sea enderezada mi oración delante de ti como un perfume, El don de mis manos como la ofrenda de la tarde. Pon, oh Jehová, guarda á mi boca: Guarda la puerta de mis labios. No dejes se incline mi corazón á cosa mala, Á hacer obras impías Con los que obran iniquidad, Y no coma yo de sus deleites.

Que el justo me castigue, será un favor, Y que me reprenda será un excelente bálsamo. Que no me herirá la cabeza: Así que aun mi oración tendrán en sus calamidades. Serán derribados en lugares peñascosos sus jueces, Y oirán mis palabras, que son suaves. Como quien hiende y rompe la tierra, Son esparcidos nuestros huesos á la boca de la sepultura.

Por tanto á ti, oh Jehová Señor, miran mis ojos: En ti he confiado, no desampares mi alma. Guárdame de los lazos que me han tendido, Y de los armadijos de los que obran iniquidad.

Caigan los impíos á una en sus redes, Mientras yo pasaré adelante.

142

CON mi voz clamaré á Jehová, Con mi voz pediré á Jehová misericordia.

Delante de él derramaré mi querella; Delante de él denunciaré mi angustia. Cuando mi espíritu se angustiaba dentro de mí, tú conociste mi senda. En el camino en que andaba, me escondieron lazo. Miraba á la mano derecha, y observaba; mas no había quien me conociese; No tuve refugio, no había quien volviese por mi vida.

Clamé á ti, oh Jehová, Dije: Tú eres mi esperanza, Y mi porción en la tierra de los vivientes. Escucha mi clamor, que estoy muy afligido; Líbrame de los que me persiguen, porque son más fuertes que yo.

Saca mi alma de la cárcel para que alabe tu nombre: Me rodearán los justos, Porque tú me serás propicio.

143

OH Jehová, oye mi oración, escucha mis ruegos: Respóndeme por tu verdad, por tu justicia.

Y no entres en juicio con tu siervo; Porque no se justificará delante de ti ningún viviente. Porque ha perseguido el enemigo mi alma; Ha postrado en tierra mi vida; Hame hecho habitar en tinieblas como los ya muertos. Y mi espíritu se angustió dentro de mí; Pasmóse mi corazón. Acordéme de los días antiguos; Meditaba en todas tus obras, Reflexionaba en las obras de tus manos. Extendí mis manos á ti; Mi alma á ti como la tierra sedienta. (Selah.)

Respóndeme presto, oh Jehová que desmaya mi espíritu: No escondas de mí tu rostro, Y venga yo á ser semejante á los que descienden á la sepultura. Hazme oír por la mañana tu misericordia, Porque en ti he confiado: Hazme saber el camino por donde ande, Porque á ti he alzado mi alma Líbrame de mis enemigos, oh Jehová: Á ti me acojo.

Enséñame á hacer tu voluntad, porque tú eres mi Dios: Tu buen espíritu me guíe á tierra de rectitud. Por tu nombre, oh Jehová me vivificarás: Por tu justicia, sacarás mi alma de angustia.

Y por tu misericordia disiparás mis enemigos, Y destruirás todos los adversarios de mi alma: Porque yo soy tu siervo.

144

BENDITO sea Jehová, mi roca, Que enseña mis manos á la batalla, Y mis dedos á la guerra:

Misericordia mía y mi castillo, Altura mía y mi libertador, Escudo mío, en quien he confiado; El que allana mi pueblo delante de mí. Oh Jehová, ¿qué es el hombre, para que de él conozcas? ¿Ó el hijo del hombre, para que lo estimes?

El hombre es semejante á la vanidad: Sus días son como la sombra que pasa. Oh Jehová, inclina tus cielos y desciende: Toca los montes, y humeen. Despide relámpagos, y disípalos, Envía tus saetas, y contúrbalos. Envía tu mano desde lo alto; Redímeme, y sácame de las muchas aguas, De la mano de los hijos de extraños; Cuya boca habla vanidad, Y su diestra es diestra de mentira.

Oh Dios, á ti cantaré canción nueva: Con salterio, con decacordio cantaré á ti. Tú, el que da salud á los reyes, El que redime á David su siervo de maligna espada. Redímeme, y sálvame de mano de los hijos extraños, Cuya boca habla vanidad, Y su diestra es diestra de mentira.

Que nuestros hijos sean como plantas crecidas en su juventud; Nuestras hijas como las esquinas labradas á manera de las de un palacio; Nuestros graneros llenos, provistos de toda suerte de grano; Nuestros ganados, que paran á millares y diez millares en nuestras plazas: Que nuestros bueyes estén fuertes para el trabajo; Que no tengamos asalto,

ni que hacer salida, Ni grito de alarma en nuestras plazas.
Bienaventurado el pueblo que tiene esto: Bienaventurado el pueblo cuyo Dios es Jehová.

145

ENSALZARTE he, mi Dios, mi Rey; Y bendeciré tu nombre por siglo y para siempre.
Cada día te bendeciré, Y alabaré tu nombre por siglo y para siempre. Grande es Jehová y digno de suprema alabanza: Y su grandeza es inescrutable. Generación á generación narrará tus obras, Y anunciarán tus valentías. La hermosura de la gloria de tu magnificencia, Y tus hechos maravillosos, hablaré. Y la terribilidad de tus valentías dirán los hombres; Y yo recontaré tu grandeza.
Reproducirán la memoria de la muchedumbre de tu bondad, Y cantarán tu justicia. Clemente y misericordioso es Jehová, Lento para la ira, y grande en misericordia. Bueno es Jehová para con todos; Y sus misericordia sobre todas sus obras. Alábente, oh Jehová, todas tus obras; Y tus santos te bendigan.
La gloria de tu reino digan, Y hablen de tu fortaleza; Para notificar á los hijos de los hombre sus valentías, Y la gloria de la magnificencia de su reino. Tu reino es reino de todos los siglos, Y tu señorío en toda generación y generación.
Sostiene Jehová á todos los que caen, Y levanta á todos los oprimidos. Los ojos de todos esperan en ti, Y tú les das su comida en su tiempo. Abres tu mano, Y colmas de bendición á todo viviente. Justo es Jehová en todos sus caminos, Y misericordioso en todas sus obras.
Cercano está Jehová á todos los que le invocan, Á todos los que le invocan de veras. Cumplirá el deseo de los que le temen; Oirá asimismo el clamor de ellos, y los salvará. Jehová guarda á todos los que le aman; Empero destruirá á todos los impíos.
La alabanza de Jehová hablará mi boca; Y bendiga toda carne su santo nombre por siglo y para siempre.

146

ALABA, oh alma mía, á Jehová.
Alabaré á Jehová en mi vida: Cantaré salmos á mi Dios mientras viviere. No confiéis en los príncipes, Ni en hijo de hombre, porque no hay en él salud. Saldrá su espíritu, tornaráse en su tierra: En aquel día perecerán sus pensamientos.
Bienaventurado aquel en cuya ayuda es el Dios de Jacob, Cuya esperanza es en Jehová su Dios: El cual hizo los cielos y la tierra, La

mar, y todo lo que en ellos hay; Que guarda verdad para siempre; Que hace derecho á los agraviados; Que da pan á los hambrientos: Jehová suelta á los aprisionados; Jehová abre los ojos á los ciegos; Jehová levanta á los caídos; Jehová ama á los justos. Jehová guarda á los extranjeros; Al huérfano y á la viuda levanta; Y el camino de los impíos trastorna.

Reinará Jehová para siempre; Tu Dios, oh Sión, por generación y generación. Aleluya.

147

ALABAD á JAH, Porque es bueno cantar salmos á nuestro Dios; Porque suave y hermosa es la alabanza.

Jehová edifica á Jerusalem; Á los echados de Israel recogerá. Él sana á los quebrantados de corazón, Y liga sus heridas. Él cuenta el número de las estrellas; Á todas ellas llama por sus nombres.

Grande es el Señor nuestro, y de mucha potencia; Y de su entendimiento no hay número. Jehová ensalza á los humildes; Humilla los impíos hasta la tierra. Cantad á Jehová con alabanza, Cantad con arpa á nuestro Dios.

Él es el que cubre los cielos de nubes, El que prepara la lluvia para la tierra, El que hace á los montes producir hierba. Él da á la bestia su mantenimiento, Y á los hijos de los cuervos que claman. No toma contentamiento en la fortaleza del caballo, Ni se complace en las piernas del hombre. Complácese Jehová en los que le temen, Y en los que esperan en su misericordia.

Alaba á Jehová, Jerusalem; Alaba á tu Dios, Sión. Porque fortificó los cerrojos de tus puertas; Bendijo á tus hijos dentro de ti. Él pone en tu término la paz; Te hará saciar de grosura de trigo.

Él envía su palabra á la tierra; Muy presto corre su palabra. Él da la nieve como lana, Derrama la escarcha como ceniza. Él echa su hielo como pedazos: Delante de su frío ¿quién estará?

Enviará su palabra, y los derretirá: Soplará su viento, y fluirán las aguas. Él denuncia sus palabras á Jacob, Sus estatutos y sus juicios á Israel. No ha hecho esto con toda gente; Y no conocieron sus juicios. Aleluya.

148

ALABAD á Jehová desde los cielos: Alabadle en las alturas.

Alabadle, vosotros todos sus ángeles: Alabadle, vosotros todos sus ejércitos. Alabadle, sol y luna: Alabadle, vosotras todas, lucientes es- 3 trellas. Alabadle, cielos de los cielos, Y las aguas que están sobre los cielos. Alaben el nombre de Jehová; Porque él mandó, y fueron criadas.

Y las hizo ser para siempre por los siglos; Púsoles ley que no será quebrantada.

Alabad á Jehová, de la tierra Los dragones y todos los abismos; El fuego y el granizo, la nieve y el vapor, El viento de tempestad que ejecuta su palabra; Los montes y todos los collados; El árbol de fruto, y todos los cedros; La bestia y todo animal; Reptiles y volátiles; Los reyes de la tierra y todos los pueblos; Los príncipes y todos los jueces de la tierra; Los mancebos y también las doncellas; Los viejos y los niños, Alaben el nombre de Jehová, Porque sólo su nombre es elevado; Su gloria es sobre tierra y cielos.

Él ensalzó el cuerno de su pueblo; Alábenle todos sus santos, los hijos de Israel, El pueblo á él cercano. Aleluya.

149

CANTAD á Jehová canción nueva: Su alabanza sea en la congregación de los santos.

Alégrese Israel en su Hacedor: Los hijos de Sión se gocen en su Rey. Alaben su nombre con corro: Con adufe y arpa á él canten. Porque Jehová toma contentamiento con su pueblo: Hermoseará á los humildes con salud. Gozarse han los píos con gloria: Cantarán sobre sus camas.

Ensalzamientos de Dios modularán en sus gargantas. Y espadas de dos filos habrá en sus manos; Para hacer venganza de las gentes, Y castigo en los pueblos; Para aprisionar sus reyes en grillos, Y sus nobles con cadenas de hierro; Para ejecutar en ellos el juicio escrito: Gloria será ésta para todos sus santos.

Aleluya.

150

ALELUYA.

ALABAD á Dios en su santuario: Alabadle en la extensión de su fortaleza.

Alabadle por sus proezas: Alabadle conforme á la muchedumbre de su grandeza.

Alabadle á son de bocina: Alabadle con salterio y arpa.

Alabadle con adufe y flauta: Alabadle con cuerdas y órgano. Alabadle con címbalos resonantes: Alabadle con címbalos de júbilo.

Todo lo que respira alabe á JAH. Aleluya.

LOS 39 ARTÍCULOS DE LA RELIGIÓN

I. De la fe en la Santísima Trinidad.

Hay un solo Dios vivo y verdadero, eterno, sin cuerpo, r)artes o pasiones, de infinito poder, sabiduría y bondad; el creador y conservador de todas las cosas, así visibles como invisibles. Y en la unidad de esta naturaleza divina hay tres Personas de una misma substancia, poder y eternidad: el Padre, el Hijo y el Espíritu Santo.

II. Del Verbo o Hijo de Dios, que fue hecho verdadero hombre.

El Hijo, que es el Verbo del Padre, engendrado del Padre desde la eternidad, el verdadero y eterno Dios, consubstancial al Padre, tomó la naturaleza humana en el seno de la Bienaventurada Virgen, de su substancia; de modo que las dos naturalezas enteras y perfectas, esto es, divina y humana, se unieron en una Persona, para no ser jamás separadas, de lo que resultó un solo Cristo, verdadero Dios y verdadero hombre; que verdaderamente padeció, fue crucificado, muerto y sepultado, para reconciliarnos con su Padre, y para ser sacrificio, no sólo por la culpa original, sino también por los pecados actuales de los hombres.

III. Del descenso de Cristo a los infiernos.

Así como Cristo murió por nosotros y fue sepultado, también debemos creer que descendió a los infiernos.

IV. De la resurrección de Cristo.

Cristo resucitó verdaderamente de entre los muertos, y tomó de nuevo su cuerpo, con carne, huesos y todo lo que pertenece a la integridad de la naturaleza humana; con la cual subió al cielo, y allí está sentado, hasta que vuelva para juzgar a todos los hombres en el último día.

V. Del Espíritu Santo.

El Espíritu Santo, que procede del Padre y del Hijo, es de una misma substancia, majestad y gloria, con el Padre y con el Hijo, verdadero y eterno Dios.

VI. De la suficiencia de las Sagradas Escrituras para la salvación.

Las Sagradas Escrituras contienen todas las cosas necesarias para la salvación; de modo que cualquier cosa que no se lee en ellas, ni con ellas se prueba, no debe exigirse de hombre alguno que la crea como artículo de fe, ni debe ser tenida por requisito necesario para la salvación. Por las Sagradas Escrituras entendemos aquellos libros canónicos del Antiguo y Nuevo Testamento, de cuya autoridad nunca hubo duda alguna en la Iglesia.

De los nombres y número de los libros canónicos.

Génesis, Éxodo Levítico, Números, Deuteronomio, Josué, Jueces, Rut, 1 Samuel, 2 Samuel, 1 Reyes, 2 Reyes, 1 Crónicas, 2 Crónicas, Esdras, Nehemías, Ester, Job, Salmos, Proverbios, Eclesiastés, Cantares, Isaías, Jeremías, Lamentaciones, Ezequiel, Daniel, Oseas, Joel, Amós, Abdías, Jonás, Miqueas, Nahum, Habacuc, Sofonías, Hageo, Zacarías, Malaquías. Los otros Libros (como dice san Jerónimo), los lee la Iglesia para ejemplo de vida e instrucción de las costumbres; mas ella, no obstante no los aplica para establecer doctrina alguna; y tales son los siguientes; 3 Esdras, 4 Esdras, Tobías, Judit, El Resto de Libro de Ester, Sabiduría, Jesús el Hijo de Sirac, Baruc el Profeta, Mancebos, Susana, Bel y el Dragón. Manasés, 1 Macabeos, 2 Macabeos.

Recibimos y contamos por Canónicos todos los Libros del Nuevo Testamento, según son recibidos comúnmente.

VII. Del Antiguo Testamento.

El Antiguo Testamento no es contrario al Nuevo, puesto que en ambos, Antiguo y Nuevo, se ofrece vida eterna al género humano por Cristo, que es el único Mediador entre Dios y el hombre, siendo él Dios y Hombre; por lo cual no deben escucharse a los que pretenden que los antiguos patriarcas solamente buscaban promesas transitorias. Aunque la Ley de Dios dada por Moisés, en cuanto a ceremonias y ritos, no obliga a los cristianos, ni deben necesariamente recibirse sus preceptos civiles en ningún Estado; no obstante, no hay cristiano alguno que esté exento de la obediencia a los mandamientos que se llaman morales.

VIII. De los Credos.

El Credo Niceno y el comúnmente llamado de los Apóstoles deben recibirse y creerse enteramente, porque pueden probarse con los testimonios de las Sagradas Escrituras.

El artículo original, dado con beneplácito real en 1571 y reafirmado en 1662, se intituló "De los tres Credos"; y comenzaba así "Los tres Credos, el Niceno, el de Atanasio y el comúnmente llamado de los Apóstoles..."

IX. Del pecado original.

El pecado original no consiste (como vanamente propalan los pelagianos) en la imitación de Adán, sino que es la falta y corrupción en la naturaleza de todo hombre que es engendrado naturalmente de la estirpe de Adán; por esto el hombre dista muchísimo de la rectitud original, y es por su misma naturaleza inclinado al mal, de manera que la carne codicia siempre contra el Espíritu y, por lo tanto, el pecado original en toda persona nacida en este mundo merece la ira y la condenación de Dios. Esta infección de la naturaleza permanece aun en los que son regenerados; por lo cual la concupiscencia de la carne no está sujeta a la Ley de Dios; y aunque no hay condenación alguna para los que creen y son bautizados, aún así el apóstol confiesa que la concupiscencia y la lujuria tienen en si misma naturaleza de pecado.

X. Del libre albedrío.
La condición del hombre después de la caída de Adán es tal que no puede convertirse ni prepararse con su propia fuerza natural y buenas obras a la fe e invocación de Dios. Por lo tanto, no tenemos poder para hacer buenas obras que sean gratas y aceptables a Dios, sin que la gracia de Dios por Cristo nos prevenga, para que tengamos buena voluntad, y obre en nosotros, cuando tenemos esa buena voluntad.

XI. De la justificación del Hombre.
Somos reputados justos delante de Dios solamente por el mérito de nuestro Señor y Salvador Jesucristo, por la fe, y no por nuestras propias obras o merecimientos. Por ello, el que seamos justificados únicamente por la fe es Doctrina muy saludable y muy llena de consuelo. como más ampliamente se expresa en la Homilía de la justificación.

XII. De las buenas obras.
Aunque las buenas obras, que son fruto de la fe y siguen a la justificación, no pueden expiar nuestros pecados, ni soportar la severidad del juicio divino, son, no obstante, agradables y aceptables a Dios en Cristo, y nacen necesariamente de una verdadera y viva fe; de manera que por ellas la fe viva puede conocerse tan evidentemente como se juzga al árbol por su fruto.

XIII. De las obras antes de la justificación.
Las obras hechas antes de la gracia de Cristo y la inspiración de su Espíritu no son agradables a Dios, porque no nacen de la fe en Jesucristo, ni hacen a los hombres dignos de recibir la gracia, ni (según dicen algunos autores escolásticos) merecen la gracia de congruencia; antes bien, ya que no son hechas como Dios ha querido y mandado que se hagan, no dudamos que tengan naturaleza de pecado.

XIV. De las obras de supererogación.

Obras voluntarias no comprendidas en los mandamientos divinos, llamadas obras de supererogación, no pueden enseñarse sin arrogancia e impiedad; porque por ellas los hombres declaran que no solamente rinden a Dios todo cuanto están obligados a hacer, sino que por su causa hacen más de lo que por deber riguroso les es requerido; pero Cristo claramente dice: *"Cuando hayan hecho todas las cosas que se les han mandado, digan 'Siervos inútiles somos'."*

XV. De Cristo, el único sin pecado.

Cristo en la realidad de nuestra naturaleza fue hecho semejante a nosotros en todas las cosas excepto en el pecado, del cual fue enteramente exento, tanto en su carne como en su espíritu. Vino para ser el Cordero sin mancha que, por el sacrificio de sí mismo una vez hecho, quitase los pecados del mundo; y en él no hubo pecado (como dice San Juan). Pero nosotros los demás hombres, aunque bautizados y nacidos de nuevo en Cristo, aún ofendemos en muchas cosas; y, si decimos que no tenemos pecado, nos engañamos a nosotros mismos. Y la verdad no está en nosotros.

XVI. Del pecado después del bautismo.

No todo pecado mortal voluntariamente cometido después del bautismo es pecado contra el Espíritu Santo e irremisible. Por ello, no debe negarse la gracia del arrepentimiento a los caídos en pecado después del bautismo. Después de haber recibido el Espíritu Santo, podemos apartarnos de la gracia concedida y caer en pecado, y por la gracia de Dios levantarnos de nuevo y enmendar nuestras vidas. Por lo tanto, debe condenarse a los que dicen que ya no pueden volver a pecar mientras vivan, o que niegan el poder del perdón a los que verdaderamente se arrepienten

XVII. De la predestinación y elección.

La predestinación a la vida es el eterno propósito de Dios, quien (antes que fuesen echados los cimientos del mundo), por su invariable consejo, a nosotros oculto, decretó librar de maldición y condenación a los que él ha elegido en Cristo de entre los hombres, y conducirles por Cristo a la salvación eterna, como a vasos hechos para honrar. Por lo tanto, los que son agraciados con tan excelente beneficio de Dios son llamados según su propósito por su Espíritu que obra a debido tiempo; por la gracia obedecen el llamado; son justificados libremente, son hechos hijos de Dios por adopción, son hechos a la imagen de su unigénito Hijo Jesucristo; viven religiosamente en buenas obras y finalmente, por la misericordia de Dios, llegan a la felicidad eterna.

Así como la consideración piadosa de la predestinación y de nuestra elección en Cristo está llena de un dulce, agradable e inefable consuelo para las personas piadosas, que sienten en sí mismas la operación del Espíritu de Cristo, mortificando las obras de la carne y sus miembros mortales, levantando su ánimo a las cosas elevadas y celestiales, no sólo porque establece y confirma grandemente su fe en la salvación eterna que han de gozar por medio de Cristo, sino porque enciende fervientemente su amor hacia Dios; así también para las personas indiscretas y carnales a quienes les falta el Espíritu de Cristo, el tener continuamente delante de sus ojos la sentencia de la predestinación divina es un precipicio muy peligroso, por el cual el diablo les impele a la desesperación o al abandono a una vida totalmente impura, no menos peligrosa que la desesperación.

Además, debemos recibir las promesas de Dios en la forma que nos son generalmente establecidas en las Sagradas Escrituras, y en nuestros hechos seguir la divina voluntad que nos ha sido expresamente declarada en la Palabra de Dios.

XVIII. De obtener la salvación eterna sólo por el Nombre de Cristo.

Deben, asimismo, ser anatematizados los que se atreven a decir que todo hombre será salvo por medio de la ley o la secta que profesa, con tal que sea diligente en conformar su vida con aquella ley y con la luz de la naturaleza; porque las Sagradas Escrituras nos manifiestan que solamente por el Nombre de Jesucristo es que han de salvarse los hombres.

XIX. De la Iglesia.

La Iglesia visible de Cristo es una congregación de homb res fieles, en donde se predica la pura Palabra de Dios, y se administran debidamente los sacramentos conforme a la institución de Cristo, en todas las cosas que por necesidad se requieren para los mismos.

Así como la Iglesia de Jerusalén, la de Alejandría y la de Antioquía han errado, así también ha errado la Iglesia de Roma, no sólo en cuanto a su vida y forma de ceremonias sino también en asuntos de fe.

XX. De la autoridad de la Iglesia.

La Iglesia tiene poder para decretar ritos o ceremonias, y autoridad en las controversias de fe. Sin embargo, no es lícito que la Iglesia ordene cosa alguna contraria a la Palabra Divina escrita, ni puede exponer una parte de las Escrituras de modo que contradiga a otra. Por ello, aunque la Iglesia sea testigo y custodio de los Libros Sagrados, así como no debe decretar nada en contra de ellos, así tampoco debe obligar a creer cosa alguna que no se halle en ellos como requisito para la salvación.

XXI. De la autoridad de los Concilios Generales.
[El artículo vigésimo primero de los artículos antiguos se omite, por tener en parte una naturaleza local y civil, y está previsto en sus demás partes en otros artículos.] El texto original de 1571 y de 1662 de este articulo dice:
No deben convocarse Concilios Generales sin mandamiento y voluntad de los príncipes. Y al estar reunidos (ya que son una asamblea de hombres, en la que no todos son gobernados por el Espíritu y la Palabra de Dios), pueden errar y a veces han errado, aun en las cosas que son de Dios. Por lo tanto, aquellas cosas ordenadas por ellos como necesarias para la salvación no tienen fuerza ni autoridad, salvo que se pueda afirmar que son tomadas de las Sagradas Escrituras.

XXII. Del Purgatorio.
La doctrina romana concerniente al Purgatorio, indulgencias, veneración y adoración, así como a las imágenes y reliquias, y la invocación de los santos es una cosa fatua, vanamente inventada, que no se funda sobre ningún testimonio de las Escrituras, más bien repugna a la Palabra de Dios.

XXIII. Del ministerio a la congregación.
No es lícito a hombre alguno tomar sobre sí el oficio de la predicación pública o de la administración de los sacramentos a la congregación, sin ser antes legítimamente llamado y enviado a ejecutarlo; y debemos considerar legalmente llamados y enviados a los que son escogidos y llamados a esta obra por los hombres que tienen autoridad pública, concedida en la congregación, para llamar y enviar ministros a la viña del Señor.

XXIV. De hablar a la congregación en el idioma que entienda el pueblo.
El decir oraciones públicas en la Iglesia o administrar los sacramentos en un idioma que el pueblo no entiende es una cosa claramente repugnante a la Palabra de Dios y a la costumbre de la Iglesia primitiva.

XXV. De los sacramentos.
Los sacramentos instituidos por Cristo no solamente son señales o pruebas de la profesión de los cristianos, sino más bien son testimonios ciertos y signos eficaces de la gracia y la buena voluntad de Dios hacia nosotros, por los cuales él obra invisiblemente en nosotros, y no sólo

aviva sino también fortalece y confirma nuestra fe en él.

Dos son los sacramentos ordenados por nuestro Señor Jesucristo en el Evangelio, a saber, el Bautismo y la Cena del Señor.

Aquellos cinco, comúnmente llamados sacramentos, es decir, la Confirmación, la Penitencia, las Ordenes el Matrimonio y la Extrema Unción, no deben contarse como sacramentos del Evangelio, habiendo emanado en parte de una imitación corrompida de los apóstoles, y en parte son estados de v ida permitidos en las Escrituras, pero no tienen igual naturaleza de sacramentos como la tienen el Bautismo y la Cena del Señor, porque carecen de algún signo visible o ceremonia ordenada por Dios.

Los sacramentos no fueron instituidos por Cristo para ser contemplados o llevados en procesión, sino para que hagamos debido uso de ellos; y sólo en aquéllos que los reciben dignamente producen un efecto u operación saludable, pero los que indignamente los reciben compran condenación para sí mismos, como dice San Pablo.

XXVI. De que la indignidad de los ministros no impide la eficacia de los sacramentos.

Aunque en la Iglesia visible los malvados están siempre mezclados con los buenos, y algunas veces los malvados tienen autoridad superior en el ministerio de la Palabra y de los sacramentos, no obstante, como no lo hacen en su propio nombre sino en el de Cristo, ministran por medio de su comisión y autoridad, y podemos aprovecharnos de su ministerio, oyendo la Palabra de Dios y recibiendo los sacramentos. El efecto de la institución de Cristo no es eliminada por su iniquidad, ni es disminuida la gracia de los dones divinos con respecto a los que por fe reciben debidamente los sacramentos que se les ministran, los cuales son eficaces, debido a la institución y promesa de Cristo, aunque sean ministrados por hombres malvados.

Pertenece, sin embargo, a la disciplina de la Iglesia el que se averigüe sobre los ministros indignos, y que sean acusados por los que tengan conocimiento de sus ofensas; y que, finalmente, hallados culpables, sean depuestos por sentencia justa.

XXVII. Del Bautismo.

El Bautismo no es solamente un signo de profesión y una seña de distinción por la que se identifican a los cristianos de los no bautizados, sino también es un signo de regeneración o renacimiento, por el cual, como por instrumento, los que reciben debidamente el Bautismo son injertados en la Iglesia; las promesas de la remisión de los pecados y de nuestra adopción como hijos de Dios por medio del Espíritu Santo, son visiblemente señaladas y selladas; la fe es confirmada y la gracia aumentada, por virtud de la oración a Dios.

El bautismo de los niños, como algo totalmente de acuerdo con la institución de Cristo, debe conservarse de cualquier forma en la Iglesia.

XXVIII. De la Cena del Señor.

La Cena del Señor no es sólo un signo del mutuo amor que los cristianos deben tener entre sí, sino, más bien, es un sacramento de nuestra redención por la muerte de Cristo; de modo que para los que debida y dignamente, y con fe, lo reciben, el Pan que partimos es una participación del Cuerpo de Cristo y, del mismo modo, la Copa de bendición es una participación de la Sangre de Cristo.

La transubstanciación (o el cambio de la substancia del pan y del vino) en la Cena del Señor no puede probarse por las Sagradas Escrituras; más bien repugna a las sencillas palabras de las Escrituras, destruye la naturaleza de un sacramento y ha dado ocasión a muchas supersticiones.

El Cuerpo de Cristo se da, se toma y se come en la Cena de un modo celestial y espiritual únicamente, y el medio por el cual el Cuerpo de Cristo se recibe y se come en la Cena, es la Fe.

El sacramento de la Cena del Señor no se reservaba, ni se llevaba en procesión, ni se elevaba, ni se adoraba, por ordenanza de Cristo.

XXIX. De los impíos, que no comen el Cuerpo de Cristo al participar de la Cena del Señor.

Los impíos y los que no tienen fe viva, aunque mastiquen carnal y visiblemente con sus dientes (como dice San Agustín) el sacramento del Cuerpo y de la Sangre de Cristo, de ninguna manera son partícipes de Cristo; más bien, comen y beben para su condenación el signo o sacramento de una cosa tan grande.

XXX. De las dos especies.

El cáliz del Señor no debe negarse a los laicos, puesto que ambas partes del sacramento del Señor, por ordenanza y mandato de Cristo, deben ministrarse por igual a todos los cristianos.

XXXI. De la única oblación de Cristo consumada en la cruz.

La oblación de Cristo, una vez hecha, es la perfecta redención, propiciación y satisfacción por todos los pecados del mundo entero, tanto el original como los actuales, y ninguna otra satisfacción hay por el pecado sino ésta únicamente. Por tanto, los sacrificios de las Misas, en las que se decía comúnmente que el presbítero ofrecía a Cristo en remisión de pena o culpa por los vivos y los muertos, eran fábulas blasfemas y engaños peligrosos.

XXXII. Del matrimonio de los presbíteros.

Ningún precepto de la ley divina manda a los obispos, presbíteros y diáconos vivir en el estado del celibato o abstenerse del matrimonio; por tanto, es lícito que ellos, al igual que los demás cristianos, contraigan matrimonio a su propia discreción, si considerasen que así les conviene mejor para la piedad.

XXXIII. De las personas excomulgadas y cómo deben evitarse.

La persona que, por denuncia pública de la Iglesia, es debidamente separada de la unidad de la misma y excomulgada debe considerarse por todos los fieles como pagano y publicano, hasta que, por medio de la penitencia, no fuera públicamente reconciliada y recibida en la Iglesia por un juez con autoridad competente.

XXXIV. De las tradiciones de la Iglesia.

No es necesario que las tradiciones y ceremonias sean en todo lugar las mismas o totalmente parecidas, porque en todos los tiempos han sido distintas y pueden cambiarse según la diversidad de los países, los tiempos y las costumbres, con tal que en ellas nada se ordene contrario a la Palabra de Dios. Cualquiera que, por su propio juicio, voluntaria e intencionalmente, quebrante abiertamente las tradiciones y ceremonias de la Iglesia, cuando éstas no repugnen a la Palabra de Dios y estén ordenadas y aprobadas por la autoridad común, debe ser públicamente reprendido (para que otros teman hacer lo mismo), como quien ofende contra el orden común de la Iglesia, perjudica la autoridad del magistrado y vulnera la conciencia de los hermanos débiles.

Toda Iglesia particular o nacional tiene la facultad para ordenar, cambiar y abolir las ceremonias o ritos eclesiásticos ordenados únicamente por la autoridad del hombre, con tal de que todo se haga para su edificación.

XXXV. De las homilías.

El segundo libro de las homilías, cuyos distintos títulos hemos reunido al final de este artículo, contiene una doctrina piadosa, saludable y necesaria para estos tiempos, al igual que el anterior libro de las homilías publicado en tiempo de Eduardo Sexto y, por tanto, juzgamos que deben ser leídas por los ministros diligente y claramente en las iglesias, para que el pueblo las pueda entender.

De los nombres de las homilías:

1 Del debido uso de la iglesia.

2 Contra el peligro de la idolatría.

3 De la reparación y limpieza de las Iglesias.

4 De las buenas obras; del ayuno en primer lugar.

5 Contra la glotonería y embriaguez.

6 Contra el lujo excesivo de vestido.

7 De la oración.

8 Del lugar y tiempo de la oración.

9 Que las oraciones comunes y los sacramentos deben celebrarse y administrarse en idioma conocido.

10 De la reverente estimación de la Palabra de Dios.

11 Del dar limosna

12 Del nacimiento de Cristo.

13 De la pasión de Cristo.

14 De la resurrección de Cristo.

15 De recibir dignamente el sacramento del Cuerpo y la Sangre de Cristo.

16 De los dones del Espíritu Santo.

17 Para los Días de Rogativa.

18 Del estado del matrimonio.

19 Del arrepentimiento.

20 Contra la ociosidad.

21 Contra la rebelión.

[Este artículo es recibido en esta Iglesia, en cuanto a que declara que el libro de homilías es una explicación de la doctrina cristiana e instructivo en la piedad y la moral; mas toda referencia a la constitución y las leyes de Inglaterra es considerada inaplicable a las circunstancias de esta Iglesia, la cual también suspende el orden para la lectura de dichas homilías en las iglesias, hasta que se haga una revisión conveniente para librarlas tanto de las palabras y frases obsoletas como de las referencias locales.]

XXXVI. De la consagración de los obispos y ministros.

[El libro de la consagración de obispos y de la ordenación de presbíteros y diáconos, según estableció la Convención General de esta Iglesia en 1792, contiene todas las cosas necesarias para dicha consagración y ordenación, y no contiene cosa alguna que sea en sí supersticiosa o impía. Por tanto, decretamos que cualquiera que sea consagrado u ordenado según dicha forma está debida, ordenada y legalmente consagrado y ordenado.] El texto original de 1571 y de 1662 de este artículo dice:

El libro de la consagración de arzobispos y obispos y de la ordenación de presbíteros y diáconos, últimamente publicado en tiempo de Eduardo

Sexto y confirmado al mismo tiempo por autoridad del Parlamento, contiene todas las cosas necesarias para dicha consagración y ordenación, y no contiene cosa alguna que sea en sí supersticiosa o impía. Por tanto, decretamos que cualquiera que sea consagrado u ordenado según los ritos de dicho libro, desde el segundo año del antedicho Rey Eduardo hasta el presente, o que se consagre o se ordene según dichos ritos, está debida, ordenada y legalmente consagrado y ordenado.

XXXVII. Del poder de los magistrados civiles.

El poder del magistrado civil se extiende a todos los hombres, tanto clérigos como laicos, en todas las cosas temporales; mas no tiene autoridad alguna en las cosas puramente espirituales; y mantenemos que es deber de todos los hombres que profesan el Evangelio obedecer respetuosamente a la autoridad civil regular y legítimamente constituida.

El texto original de 1571 y de 1662 de este articulo dice:"La Majestad del Rey tiene el supremo poder en este Reino de Inglaterra y en sus demás Dominios, y le pertenece el supremo gobierno de todos los estados de este Reino, así eclesiásticos como civiles, y en todas las causas; y ni es, ni puede ser sometida a ninguna jurisdicción extranjera. Cuando atribuimos a la Majestad del Rey el supremo gobierno (títulos por los cuales, según entendemos, se ofenden las mentes de algunos calumniadores), no damos a nuestros príncipes la ministración de la Palabra de Dios ni de los sacramentos, cosa que atestiguan también con toda claridad las ordenanzas últimamente publicadas por nuestra Reina Isabel, sino aquella única prerrogativa que entendemos ha sido siempre concedida a los príncipes piadosos en las Sagradas Escrituras por Dios mismo, es decir, que deben gobernar en todos los estados y grados que sean entregados por Dios a su cargo, ya sean eclesiásticos o civiles, refrenando con la espada civil a los tercos y malhechores.

El obispo de Roma no tiene ninguna jurisdicción en este Reino de Inglaterra.

Las leyes del Reino pueden castigar a los hombres cristianos con la pena de muerte, por crímenes aborrecibles y graves.

Es lícito a los hombres cristianos, por orden del magistrado, tomar las armas y servir en las guerras.

XXXVIII. De los bienes de los cristianos, que no son comunes.

Las riquezas y los bienes de los cristianos no son comunes en cuanto al derecho, título y posesión, como falsamente se jactan ciertos Anabaptistas. No obstante, todos deben dar liberalmente de lo que poseen a los pobres, según sus posibilidades.

XXXIX. Del juramento del cristiano.

Así como confesamos que a los cristianos les está prohibido por nuestro Señor Jesucristo y su apóstol Santiago el juramento vano y temerario, también juzgamos que la religión cristiana de ningún modo prohibe que juren cuando lo exige el magistrado en causa de fe y caridad, con tal que se haga según la doctrina del profeta, en justicia, en juicio y en verdad.

Made in the USA
Coppell, TX
17 October 2021

64182142R00079